LA VIE
DE
Mʀ DE MOLIÈRE

...de sorte que cette jeune personne se
détermina un matin de s'aller jetter dans
l'apartement de Molière *(Page 35)*.

LA VIE
DE
Mr de Molière

PAR

J.-L. LE GALLOIS, Sieur de GRIMAREST

*Réimpression de l'édition originale (Paris, 1705)
et des pièces annexes*

Avec une Notice

Par A. P.-MALASSIS

Et une figure dessinée et gravée à l'eau-forte
Par AD. LALAUZE

PARIS
Isidore LISEUX, Éditeur
Rue Bonaparte, n° 2

1877

AVANT-PROPOS

DE tous les biographes de Molière, Grimarest se trouve encore avoir le plus fait pour sa mémoire. Si son œuvre, pendant plus d'un siècle et demi, a figuré, de préférence à toute autre, en tête des meilleures éditions de notre grand comique, ce n'est vraiment que justice.

Bien que démodée, peut-être reste-t-elle la seule qui vaille, non pour les lettrés et les érudits, mais bien pour cette foule sans cesse renouvelée et en marche, sans cesse montante, où tout lecteur nouveau en est un pour Molière. Le goût de son théâtre est comme un niveau intellectuel auquel la masse de la nation aspire, et que le très-petit nombre croit utile ou même possible de dépasser. Et c'est pour cela qu'entre ses diverses biographies, sans en excepter celle de Taschereau, d'un si louable effort, mais déjà de trop d'étendue et de surcharge, celle-ci, avec des rectifications en forme de notes, serait à maintenir dans les éditions destinées au public ascendant, au grand public.

Sa valeur et son intérêt persistent surtout dans la partie anecdotique qui fut, à sa date, au moins une nouveauté. On n'avait encore vu traiter de la sorte, avec ce soin, cette complaisance, cette insistance apologétique, que des princes ou des religieux, des chefs ou des pasteurs de peuples, des personnages d'institution et d'ordre divins. Le récit de la vie de ce génie si profondément humain, rien de plus qu'humain, qui dans ses actions privées faisait sans cesse honneur à l'homme, à plaindre dans ses faiblesses, excusable dans ses défauts, fut comme un scandale auquel l'esprit public s'associa vite, dont en quelque façon il se chargea.

C'était en 1705. Avancé de quelques années, le livre n'eût pas eu le même à-propos ni rencontré le même accueil. La *Lettre critique* attribuée à de Visé (1) expose sans ambages les scrupules et les préjugés des générations antérieures, et du monde officiel, auxquels il avait encore à se heurter.

Ils se résument en ceci, que Molière, homme de profession « ignoble, » réserve faite de ses talents de comédien et d'auteur comique, ne pouvait être proposé comme un modèle ou un exemple, et que l'ouvrage et son « héros » dérisoire

---

(1) Voir p. 171. Cette *Lettre* n'est certainement pas de Visé, car il résulte de plusieurs passages que l'auteur n'avait pas connu Molière, ni même été son contemporain, et c'est un point que Grimarest accorde dans sa réponse.

s'adressent à la foule, aux gens de peu, de rien.

C'était, en effet, pour ce public que Grimarest avait travaillé, et la pleine conscience de son effort littéraire, ou mieux de sa visée morale, paraît assez dans sa *Réponse*, où se montre aussi, sous des formes encore soumises et respectueuses, la liberté d'esprit d'un écrivain à la suite de Fontenelle, habitué des *Entretiens sur la pluralité des mondes* et de l'*Histoire des oracles* : « Oui, dit-il, tout petit qu'étoit Molière par sa naissance et par sa profession, j'ai rapporté des traits de sa vie que les personnes les plus élevées se feroient gloire d'imiter, et ces traits doivent plus toucher dans Molière que dans un héros. » Et il énumère longuement les actes de générosité, de bonté, de fermeté, de droiture de ce héros d'un nouveau genre, de son héros, en y mêlant des témoignages de l'estime universelle qu'il inspirait, et aussi, par habitude de déférence, des preuves de son respect pour les puissances établies. La conclusion, en douceur, est que tous ces traits n'ont pas été rassemblés par lui pour le simple amusement du public.

Notons en passant que Grimarest avait eu Fontenelle lui-même pour censeur, et comme on le verra plus loin, celui-ci s'intéressait à l'œuvre, et n'épargnait pas à l'auteur les conseils de ménagement et de prudence.

S'il importe peu que Voltaire, trente ans plus tard, ait déprécié le livre de Grimarest, en se contentant toutefois de l'abréger, on ne peut taire que Boileau-Despréaux ne l'approuva pas lorsqu'il parut. Ce grand témoin, même incomparable, du génie de Molière, qu'il avait confessé plus hautement que personne, se prévalant de ce que Grimarest n'avait pas connu l'homme, contesta la vérité des détails biographiques, sans en infirmer ni rectifier aucun. Représentant des vieilles mœurs, janséniste et quelque peu septuagénaire, il devait juger puérile, condamnable même, cette singulière curiosité pour des faits et gestes de nature, en somme, à diminuer les idées de gravité et de respect. On n'est jamais que de son temps.

La mode a été, de nos jours, de rabaisser Grimarest et de déconsidérer son livre, comme insuffisant, par rapport aux recherches de documents originaux, inaugurées par Beffara, qui ont rendu possible un renouvellement de l'histoire de Molière, en fournissant de nouveaux points d'appui à ses futurs biographes. Cette inquisition de pièces d'état civil, d'archives, et d'actes notariés s'est produite, comme l'œuvre de notre auteur, et se poursuit en temps favorable (1). Si, par impossible, celui-ci en avait eu l'idée,

(1) Depuis cinquante-six ans, 1821-1877.

avec le pouvoir de s'y livrer, et de la faire aboutir sur quelques points, il n'en eût tiré que peu de profit, et d'honneur, encore moins. On le trouverait plus exact sur un petit nombre de noms et de dates, mais pas plus qu'aucun autre écrivain, en 1705, il n'eût songé à tirer des conséquences, plus ou moins légitimes, à la moderne, de l'éducation si complète de Molière, de ses longues caravanes dramatiques dans les provinces, de l'inventaire après décès de son mobilier, et de ceux de ses ascendants ou descendants.

Il s'agit aujourd'hui, ce semble, de déterminer les éléments complexes dont se forma le génie du poëte comique. Pour Grimarest, la situation était tout autre, sinon plus simple. Ses contemporains s'inquiétaient surtout d'un Molière qui ne démentît pas dans sa vie les idées de dignité, de noblesse d'âme, de bonté, de parfait bon sens qu'il leur inspirait par la lecture et la représentation de ses œuvres. Ce Molière imaginé, ce Molière souhaité, avait été, par bonheur, le Molière réel, et Grimarest le leur donna conforme à la vérité, comme à leurs vœux. Il le leur donna sincèrement, en toute bonne foi, car les *mémoires* que lui fournit Baron exceptés, son livre n'est rien de plus qu'une enquête suivie, longue, minutieuse, sur les *Actes* de Molière, à la pluralité des voix.

Le nombre et la qualité des témoignages, c'est toute la *critique* du biographe ; lui-même en convient, et ses aveux se réitèrent dans sa lettre, retrouvée, au président de Lamoignon, à propos d'une anecdote qui avait circulé sur quelques mots adressés par Molière au public, après l'interdiction de la seconde représentation du *Tartufe* (1) :

(1) Cette lettre, publiée par Taschereau dans la troisième édition de son *Histoire de la vie et des ouvrages de Molière*, Paris, Hetzel, 1844, in-18, lui avait été communiquée en original par Villenave.

« Messieurs, nous comptions avoir l'honneur de vous donner la seconde représentation du *Tartufe*, mais M. le Président ne veut pas qu'on le joue. » Telle était, dans sa forme indécente, l'allocution arrangée par des esprits frondeurs, et que Grimarest avait rejetée de premier mouvement. Néanmoins, comme on le va voir, il ne se put mettre la conscience en repos qu'après en avoir « approfondi la fausseté », et interrogé à ce propos plus de vingt témoins. Voici cette pièce justificative de son honnêteté ; elle est essentielle à toute nouvelle édition de son livre (1) :

A Monsieur le Premier Président de Lamoignon.

« MONSEIGNEUR,

» *Je me donne l'honneur de vous envoyer l'article de la* Vie de Molière, *qui regarde*

(1) Voir pour les difficultés que rencontra la représentation du *Tartufe*, p. 94 à 101.

le Tartuffe, sur ce que M. de Fontenelle m'a dit que vous doutiez de la discrétion et du respect que je devois avoir en rapportant ce fait. Vous n'ignorez pas, Monseigneur, tous les mauvais contes que l'on a faits sur cet endroit de la vie de Molière. J'en ai approfondi la fausseté avec soin; mais plus de vingt personnes m'ont assuré que la chose se passa à peu près comme je l'ai rendue, et j'ai cru qu'elle étoit d'autant plus véritable que dans le Menagiana, imprimé avec privilége en 1693, on a fait dire à M. Ménage, en parlant du Tartuffe : « *Je dis à M. le Premier Président de Lamoignon, lorsqu'il empêcha qu'on ne le jouât, que c'étoit une pièce dont la morale étoit excellente, et qu'il n'y avoit rien qui ne pût être utile au public.* » Vous voyez, Monseigneur, que j'ai supprimé ce nom illustre de mon ouvrage, et que j'ai eu l'attention de donner de la prudence et de la justice à sa défense du Tartuffe, par mes expressions. M. de Fontenelle qui a la même attention que moi pour tout ce qui vous regarde, Monseigneur, a jugé que j'avois bien manié cet endroit, puisqu'il a approuvé mon livre, qui est presque imprimé. Cependant, si vous jugez que je n'aye pas réussi ayez la bonté de me prescrire les termes et *les expressions, et je ferai faire un carton (1); le profond respect et le sincère attachement que j'ai depuis longtemps pour vous, Monseigneur, et pour toute votre illustre famille, ne me permettant pas de m'écarter un moment de ce que je lui dois. Lorsque j'ai eu en vue de composer la vie de Molière, je n'ai point eu l'intention de me donner une mauvaise réputation ni d'attaquer personne, mais seulement de faire connoître cet excellent auteur par ses bons endroits. Si j'ai l'honneur de vous écrire, Monseigneur, au lieu d'aller moi-même vous rendre compte de ma conduite, que l'on vous aura peut-être altérée, c'est que je sais que vos momens sont précieux, et c'est pour vous donner le temps de réfléchir sur ce que je prends la liberté de vous mander, et lorsqu'il vous plaira, je me rendrai auprès de vous pour recevoir vos ordres, que je vous supplie très-humblement de me donner le plus tôt qu'il vous sera possible, à cause de l'état où est mon impression. Je vous demande en grace, Monseigneur, d'être persuadé de*

---

(1) Nous nous sommes assuré qu'aucun des passages du livre relatifs au *Tartufe* n'avait été cartonné.

l'envie que j'ai de vous témoigner, dans des occasions plus essentielles que celle-ci, que personne ne vous est plus attaché que je le suis, et que l'on ne peut être avec plus de respect que j'ai l'honneur d'être,

» Monseigneur,

» *Votre très-humble et très-obéissant serviteur,*

» De Grimarest.

» *Je recevrai les ordres dont il vous plaira m'honorer dans la rue du Four-Saint-Germain.* »

Molière grand comédien, grand écrivain, sans doute, mais surtout grand homme de bien, et animé dans toutes ses actions des sentiments que son œuvre excite, Molière enfin parangon d'humanité, tel est le Molière dégagé par Grimarest ; tel il avait été, tel est-il montré, tel le demandait-on, et ne se lassera-t-on pas de le demander.

Sans doute peut-on rêver de lui une plus haute, mais non plus touchante et plus vive image. C'est dans Grimarest que Molière reste le plus présent, le plus familier.

En dehors des articles des Biographies universelles, nous n'avons rien sur Grimarest. MM. les Moliéristes ne se sont pas encore mis en frais sur le premier des Moliéristes, ancêtre dépassé, mais non prescrit. Sa profession était de donner des leçons de français aux seigneurs étrangers, de les façonner à nos manières, à notre génie. La liste de ses ouvrages se compose en majeure partie de traités de belle éducation, relatifs au récitatif dans la lecture, dans l'action publique, dans la déclamation; à la manière d'écrire les lettres; au cérémonial; à l'usage dans la langue française (1). Ses connaissances étaient étendues, sa curiosité poussée en tous sens.

(1) Traité du récitatit dans la lecture, dans l'action publique, dans la déclamation et dans le chant; avec un traité des accens, de la quantité et

Le livre intitulé *Commerce de lettres curieuses et savantes* (1) contient, à côté de considérations sur les fortifications et aussi sur les bibliothèques, une dissertation sur la patavinité (2), une explication du rire, et des remarques sur la lettre A dans le dictionnaire de Furetière. La date de sa naissance reste inconnue; celle de sa mort est fixée à 1720.

A. P.-M.

de la ponctuation. Paris, *Jacques Le Fèvre et Pierre Ribou*, 1707, in-12.

Traité sur la manière d'écrire des lettres et sur le cérémonial, avec un discours sur ce qu'on appelle usage dans la langue françoise, par Monsieur de Grimarest. Paris, *Jacques Etienne*, 1719, in-12.

Dans le préambule de cette production approuvée à la date de 1708, Grimarest dit leur fait à un « poëte insolent » et à un « avocat critique », détracteurs de ses précédents ouvrages. L'un ou l'autre de ces fâcheux, de préférence le poëte, doit être l'auteur de la *Lettre* attribuée sans raison à de Visé par les bibliographes (voir la note de la page VII).

(1) Paris, 1700, in-12.

(2) C'est la latinité de Tite-Live né à Padoue.

LA VIE
DE M.
DE MOLIERE.

A PARIS,
Chez Jacques le Febvre, dans
la grand' Salle du Palais,
au Soleil-d'Or.

M. DCC V.
AVEC PRIVILEGE DU ROI

APROBATION.

J'AI lû par ordre de Monseigneur le Chancelier LA VIE DE MOLIERE, & j'ai cru que le Public la verroit avec plaisir, par l'intérêt qu'il prend à la mémoire d'un auteur si Illustre. FAIT à Paris ce 15ᵉ Décembre 1704.

FONTENELLE.

Le Privilége du Roy, en date du 11 Janvier 1705, est au nom de Jean-Leonor LE GALLOIS, SIEUR DE GRIMAREST.

LA VIE
DE
Mʀ DE MOLIÈRE

L y a lieu de s'étonner que personne n'ait encore recherché la Vie de Mʳ de Molière pour nous la donner. On doit s'intéresser à la mémoire d'un homme qui s'est rendu si illustre dans son genre. Quelles obligations notre Scène comique ne lui a-t-elle pas? Lorsqu'il commença à travailler, elle étoit destituée d'ordre, de mœurs, de goût, de caractères; tout y

étoit vicieux. Et nous sentons assez souvent aujourd'hui que sans ce Génie supérieur le Théâtre comique seroit peut-être encore dans cet affreux chaos, d'où il l'a tiré par la force de son imagination; aidée d'une profonde lecture, et de ses réflexions, qu'il a toujours heureusement mises en œuvre. Ses Pièces représentées sur tant de Théâtres, traduites en tant de langues, le feront admirer autant de siècles que la Scène durera. Cependant on ignore ce grand Homme; et les foibles crayons, qu'on nous en a donnez, sont tous manquez; ou si peu recherchez, qu'ils ne suffisent pas pour le faire connoître tel qu'il étoit. Le Public est rempli d'une infinité de fausses Histoires à son ocasion. Il y a peu de personnes de son temps, qui pour se faire honneur d'avoir figuré avec lui, n'inventent des avantures qu'ils prétendent avoir eues ensemble. J'en ai eu plus de peine à déveloper la vérité; mais je la rends sur des Mémoires très-assurez; et je n'ai point épargné les soins pour n'avancer rien de douteux. J'ai écarté aussi beaucoup de faits domestiques, qui sont communs à toutes sortes de personnes; mais je n'ai point négligé ceux qui peuvent réveiller mon Lecteur. Je me flate que le Public me sçaura bon gré d'avoir travaillé : je lui donne la Vie d'une personne qui l'ocupe si souvent; d'un Auteur inimitable, dont le souvenir touche tous ceux qui ont le discernement assez heureux pour sentir à la lecture, ou à la représentation de ses Pièces, toutes les beautez qu'il y a répandues.

Mr de Molière se nommoit Jean-Baptiste Pocquelin; il estoit fils et petit-fils de Tapissiers, Valets-de-Chambre du Roy Louis XIII. Ils avoient leur boutique sous les pilliers des Halles, dans une maison qui leur appartenoit en propre. Sa mère s'appelloit Boudet : elle étoit aussi fille d'un Tapissier, établi sous les mêmes piliers des Halles.

Les parens de Molière l'élevèrent pour être Tapissier; et ils le firent recevoir en survivance de la Charge du père dans un âge peu avancé : ils n'épargnèrent aucuns soins pour le mettre en état de la bien exercer ; ces bonnes Gens n'aïant pas de sentimens qui dûssent les engager à destiner leur enfant à des occupations plus élevées : de sorte qu'il resta dans la boutique jusqu'à l'âge de quatorze ans ; et ils se contentèrent de lui faire apprendre à lire et à écrire pour les besoins de sa profession.

Molière avoit un grand-père, qui l'aimoit éperduement ; et comme ce bon homme avoit de la passion pour la Comédie, il y menoit souvent le petit Pocquelin, à l'Hôtel de Bourgogne. Le père qui appréhendoit que ce plaisir ne dissipât son fils, et ne lui ôtât toute l'attention qu'il devoit à son métier, demanda un jour à ce bon homme pourquoi il menoit si souvent son petit-fils au spectacle ? « Avez-vous », lui dit-il, avec un peu d'indignation, « envie d'en faire un Comédien ? — Plût à Dieu », lui répondit le grand-père, « qu'il fût aussi bon Comédien que Belleroze » (c'étoit un fameux Acteur de ce tems là). Cette réponse frapa le jeune homme, et sans pourtant qu'il eût d'inclination déterminée, elle lui fit naître du dégoût pour la profession de Tapissier ; s'imaginant que puisque son grand-père souhaitoit qu'il pût être Comédien, il pouvoit aspirer à quelque chose de plus qu'au métier de son père.

Cette prévention s'imprima tellement dans son esprit, qu'il ne restoit dans la boutique qu'avec chagrin : de manière que revenant un jour de la Comédie, son père lui demanda pourquoi il estoit si mélancholique depuis quelque tems ? Le petit Pocquelin ne put tenir contre l'envie qu'il avoit de déclarer ses sentimens à son père : il lui avoua franchement qu'il ne pouvoit s'accommoder de sa Profession ; mais qu'il lui feroit un plaisir sensible de le faire étudier. Le grand-père, qui étoit présent à cet éclaircissement, appuya par de bonnes raisons l'inclination de son petit-fils. Le père s'y rendit, et se détermina à l'envoyer au Collége des Jésuites.

Le jeune Pocquelin étoit né avec de si heureuses dispositions pour les études, qu'en cinq années de tems il fit non seulement ses Humanitez, mais encore sa Philosophie.

Ce fut au Collége qu'il fit connoissance avec deux Hommes illustres de notre tems, Mr de Chapelle et Mr Bernier.

Chapelle étoit fils de Mr Luillier, sans pouvoir être son héritier de droit; mais il auroit pu lui laisser les grands biens qu'il possédoit, si par la suite il ne l'avoit reconnu incapable de les gouverner. Il se contenta de lui laisser seulement 8000 livres de rente entre les mains de personnes qui les lui payoient régulièrement.

Mr Luillier n'épargna rien pour donner une belle éducation à Chapelle, jusqu'à lui choisir pour Précepteur le célèbre Mr de Gassendi; qui aïant remarqué dans Molière toute la docilité et toute la pénétration nécessaires pour prendre les connoissances de la Philosophie, se fit un plaisir de la lui enseigner en même tems qu'à Messieurs de Chapelle et Bernier.

Cyrano de Bergerac, que son père avoit envoyé à Paris sur sa propre conduite, pour achever ses études, qu'il avoit assez mal commencées en Gascogne, se glissa dans la société des Disciples de Gassendi, aïant remarqué l'avantage considérable qu'il en tireroit. Il y fut admis cependant avec répugnance; l'esprit turbulent de Cyrano ne convenoit point avec de jeunes gens, qui avoient déjà toute la justesse d'esprit que l'on peut souhaiter dans des personnes toutes formées. Mais le moyen de se débarasser d'un jeune homme aussi insinuant, aussi vif, aussi gascon que Cyrano? Il fut donc reçu aux études et aux conversations que Gassendi conduisoit avec les personnes que je viens de nommer. Et comme ce même Cyrano étoit très-avide de sçavoir, et qu'il avoit une mémoire fort heureuse, il profitoit de tout ; et il se fit un fond de bonnes choses, dont il tira avantage dans la suite. Molière aussi ne s'est il pas fait un scrupule de placer dans ses Ouvrages plusieurs pensées, que Cyrano avoit employées auparavant dans les siens ? Il m'est permis, disoit Molière, de reprendre mon bien où je le trouve.

Quand Molière eut achevé ses études, il fut obligé, à cause du grand âge de son père, d'exercer sa Charge pendant quelque tems ; et même il fit le voyage de Narbonne à la suite de Louis XIII. La Cour ne lui fit pas perdre le goût qu'il avoit pris dès sa jeunesse pour la Comédie : ses études n'avoient même servi qu'à l'y entretenir. C'étoit assez la coutume dans ce tems-là de représenter des pièces entre amis ; quelques Bourgeois de Paris formèrent une troupe, dont Molière étoit ; ils jouèrent plusieurs fois pour se divertir. Mais ces Bourgeois aïant suffisamment rempli leur plaisir, et s'imaginant être de bons Acteurs, s'avisèrent de tirer du profit de leurs représentations. Ils pensèrent bien sérieusement aux moyens d'exécuter leur dessein : et après avoir pris toutes leurs mesures, ils s'établirent dans le jeu de paume de la Croix blanche, au Faux-bourg Saint Germain. Ce fut alors que Molière prit le nom qu'il a toujours porté depuis. Mais lorsqu'on lui a demandé ce qui l'avoit engagé à prendre celui-là plutôt qu'un autre, jamais il n'en a voulu dire la raison, même à ses meilleurs amis.

L'établissement de cette nouvelle troupe de Comédiens n'eut point de succès, parce qu'ils ne voulurent point suivre les avis de Molière, qui avoit le discernement et les vues beaucoup plus justes, que des gens qui n'avoient pas été cultivez avec autant de soin que lui.

Un Auteur grave nous fait un conte au sujet du parti que Molière avoit pris, de jouer la Comédie. Il avance que sa famille alarmée de ce dangereux dessein, lui envoya un Ecclésiastique, pour lui représenter qu'il perdoit entièrement l'honneur de sa famille ; qu'il plongeoit ses parens dans de douloureux déplaisirs ; et qu'enfin il risquoit son salut d'embrasser une profession contre les bonnes mœurs, et condamnée par l'Église ; mais qu'après avoir écouté tranquilement l'Ecclésiastique, Molière parla à son tour avec tant de force en faveur du Théâtre, qu'il séduisit l'esprit de celui qui le vouloit convertir, et l'emmena avec lui pour jouer la Comédie. Ce fait est absolument inventé par les personnes de qui M^r P** peut l'avoir pris pour nous le donner. Et quand je n'en aurois pas de certitude, le Recteur à la première réflexion présumera avec moi que ce fait n'a aucune vrai-semblance. Il est vrai que les parents de Molière essayèrent par toutes sortes de voies de le détourner de sa résolution ; mais ce fut inutilement : sa passion pour la Comédie l'emportoit sur toutes leurs raisons.

Quoique la troupe de Molière n'eût

point réussi : cependant pour peu qu'elle avoit paru, elle lui avoit donné occasion suffisamment de faire valoir dans le monde les dispositions extraordinaires qu'il avoit pour le Théâtre. Et Monsieur le Prince de Conti, qui l'avoit fait venir plusieurs fois jouer dans son Hôtel, l'encouragea. Et voulant bien l'honorer de sa protection, il lui ordonna de le venir trouver en Languedoc avec sa troupe, pour y jouer la Comédie.

Cette troupe étoit composée de la Béjart, de ses deux frères, de Gros René, de Duparc, de sa femme, d'un Pâtissier de la rue Saint Honoré, père de la Damoiselle de la G**, femme-de-chambre de la De-Brie ; celle-cy étoit aussi de la troupe avec son mari, et quelques autres.

Molière en formant sa troupe, lia une forte amitié avec la Béjart, qui avant qu'elle le connût, avoit eu une petite Fille de Monsieur de Modène, Gentilhomme d'Avignon, avec qui j'ai sçu, par des témoignages très-assurez, que la mère avoit contracté un mariage caché. Cette petite fille accoutumée avec Molière, qu'elle voyoit continuellement, l'appella son mari, dès qu'elle sçut parler ; et à mesure qu'elle croissoit, ce nom déplaisoit moins à Molière, mais cela ne paroissoit à personne tirer à aucune conséquence. La mère ne pensoit à rien moins qu'à ce qui arriva dans la suite ; et occupée seulement de l'amitié qu'elle avoit pour son prétendu gendre, elle ne voyoit rien qui dût lui faire faire des réflexions.

Molière partit avec sa troupe, qui eut bien de l'aplaudissement en passant à Lyon, en 1653, où il donna au public l'*Étourdi*, la première de ses Pièces, qui eut autant de succès qu'il en pouvoit espérer. La Troupe passa en Languedoc, où Molière fut reçu très-favorablement de Monsieur le Prince de Conti, qui eut la bonté de donner des appointemens à ces Comédiens.

Molière s'acquit beaucoup de réputation dans cette Province, par les trois premières Pièces de sa façon qu'il fit paroître ; l'*Étourdi*, le *Dépit amoureux*, et les *Précieuses ridicules*. Ce qui engagea d'autant plus Monsieur le Prince de Conti à l'honorer de sa bienveillance, et de ses bienfaits : ce Prince lui confia la conduite des plaisirs et des spectacles qu'il donnoit à la Province, pendant qu'il en tint les États. Et aïant remarqué en peu de tems toutes les bonnes qualitez de Molière, son estime pour lui alla si loin, qu'il le voulut faire son Secrétaire. Mais il aimoit l'indépendance, et il étoit si rempli du désir de faire valoir le talent qu'il se connoissoit, qu'il pria Monsieur le Prince de Conti de le laisser continuer la Comédie ; et la place qu'il auroit remplie fut donnée à Monsieur de Simoni. Ses amis le blâmèrent de n'avoir point accepté un emploi si avantageux. « Eh ! Messieurs, » leur dit-il, « ne nous déplaçons jamais ; je » suis passable Auteur, si j'en crois la » voix publique ; je puis être un fort

» mauvais Secrétaire. Je divertis le
» Prince par les spectacles que je lui
» donne ; je le rebuterai par un travail
» sérieux, et mal conduit. Et pensez-vous
» d'ailleurs, » ajouta-t-il, « qu'un Misan-
» trope comme moi, capricieux si vous
» voulez, soit propre auprès d'un Grand ?
» Je n'ai pas les sentimens assez flexi-
» bles pour la domesticité. Mais plus
» que tout cela, que deviendront ces
» pauvres gens que j'ai amenés de si
» loin ? Qui les conduira ? Ils ont compté
» sur moi ; et je me reprocherois de les
» abandonner. » Cependant j'ai sçû que
la Béjart, lui auroit fait le plus de peine
à quitter ; et cette femme, qui avoit tout
pouvoir sur son esprit, l'empêcha de
suivre Monsieur le Prince de Conti. De
son côté, Molière étoit ravi de se voir le
Chef d'une Troupe ; il se fesoit un plaisir sensible de conduire sa petite Répu-
blique : il aimoit à parler en public, il
n'en perdoit jamais l'occasion ; jusques-
là que s'il mouroit quelque Domestique
de son Théâtre, ce lui étoit un sujet de

haranguer pour le premier jour de Comédie. Tout cela lui auroit manqué chez Monsieur le Prince de Conti.

Après quatre ou cinq années de succès dans la Province, la Troupe résolut de venir à Paris. Molière sentit qu'il avoit assez de force pour y soutenir un Théâtre comique ; et qu'il avoit assez façonné ses Comédiens pour espérer d'y avoir un plus heureux succès que la première fois. Il s'assuroit aussi sur la protection de Monsieur le Prince de Conti.

Molière quitta donc le Languedoc avec sa Troupe : mais il s'arrêta à Grenoble, où il joua pendant tout le Carnaval. Après quoi, ces Comédiens vinrent à Rouen, afin qu'étant plus à portée de Paris, leur mérite s'y répandît plus aisément. Pendant ce séjour, qui dura tout l'Été, Molière fit plusieurs voyages à Paris, pour se préparer une entrée chez Monsieur, qui lui aïant acordé sa protection, eut la bonté de le présenter au Roi et à la Reine Mère.

Ces Comédiens eurent l'honneur de représenter la pièce de *Nicomède* devant leurs Majestez au mois d'Octobre 1658. Leur début fut heureux ; et les Actrices sur tout furent trouvées bonnes. Mais comme Molière sentoit bien que sa Troupe ne l'emporteroit pas pour le sérieux sur celle de l'Hôtel de Bourgogne, après la Pièce il s'avança sur le Théâtre, et fit un remercîment à sa Majesté, et la suplia d'agréer qu'il lui donnât un des petits divertissemens, qui lui avoient acquis un peu de réputation dans les Provinces. En quoi il comptoit bien de réussir, parce qu'il avoit açoutumé sa Troupe à jouer sur le champ de petites Comédies, à la manière des Italiens. Il en avoit deux entre autres, que tout le monde en Languedoc, jusqu'aux personnes les plus sérieuses, ne se lassoient point de voir représenter. C'étoient les *Trois Docteurs Rivaux*, et le *Maître d'École*, qui étoient entièrement dans le goût Italien.

Le Roi parut satisfait du compliment

de Molière, qui l'avoit travaillé avec soin ; et sa Majesté voulut bien qu'il lui donnât la première de ces deux *petites Pièces*, qui eut un succès favorable. Le Jeu de ces Comédiens fut d'autant plus goûté, que depuis quelque tems on ne jouoit plus que des Pièces sérieuses à l'Hôtel de Bourgogne : le plaisir des petites Comédies étoit perdu.

Le divertissement que cette Troupe venoit de donner à Sa Majesté, lui aïant plu, Elle voulut qu'elle s'établît à Paris : et pour faciliter cet établissement, le Roi eut la bonté de donner le petit Bourbon à ces Comédiens, pour jouer alternativement avec les Italiens. On sçait qu'ils passèrent en 1660 au Palais Royal, et qu'ils prirent le titre de *Comédiens de Monsieur*.

Molière, qui en homme de bon sens, se défioit toujours de ses forces, eut peur alors que ses ouvrages n'eussent pas du Public de Paris autant d'aplaudissement que dans les Provinces. Il apréhen-

doit de trouver dans ce Parterre, qui ne passoit rien de défectueux dans ce tems-là, non plus qu'en celui-ci, des esprits qui ne fussent pas plus contens de lui, qu'il l'étoit lui-même. Et si sa Troupe dans les commencemens ne l'avoit excité à profiter des heureuses dispositions qu'elle lui connoissoit pour le Théâtre comique, peut-être ne se seroit-t-il pas hazardé de livrer ses Ouvrages au Public. « Je ne comprens pas, » disoit-il, à ses camarades en Languedoc, « com-
» ment des personnes d'esprit prennent
» du plaisir à ce que je leur donne ;
» mais je sçais bien qu'en leur place, je
» n'y trouverois aucun goût. — Eh ! ne
» craignez rien, » lui répondit un de ses amis ; « l'homme qui veut rire se diver-
» tit de tout, le Courtisan, comme le
» Peuple. » Les Comédiens le rassurèrent à Paris, comme dans la Province ; et ils commencèrent à représenter dans cette grande Ville, le 3e de Novembre 1658. L'*Étourdi*, la première de ses Pièces, qu'il fit paroître dans ce même mois, et

le *Dépit amoureux* qu'il donna au mois de Décembre suivant, furent reçus avec aplaudissement : et Molière enleva tout-à-fait l'estime du Public en 1659, par les *Précieuses ridicules :* Ouvrage qui fit alors espérer de cet Auteur les bonnes choses qu'il nous a données depuis. Cette Pièce fut représentée au simple la première fois ; mais le jour suivant on fut obligé de la mettre au double, à cause de la foule incroyable, qui y avoit été le premier jour. Et cette Pièce, de même que l'*Étourdi* et le *Dépit amoureux,* quoique jouée dans les Provinces pendant long-tems, eut cependant à Paris tout le mérite de la nouveauté.

Les *Précieuses* furent jouées pendant quatre mois de suite. Mr Ménage, qui étoit à la première représentation de cette Pièce, en jugea favorablement. « Elle fut jouée, » dit-t-il, » avec un ap- » plaudissement général, et j'en fus si » satisfait en mon particulier que je vis » dès lors l'effet qu'elle alloit produire. » Monsieur, dis-je à Mr Chapelain en

» sortant de la Comédie, nous aprou-
» vions vous et moi toutes les sotises qui
» viennent d'être critiquées si finement,
» et avec tant de bon sens : mais croyez-
» moi, il nous faudra brûler ce que
» nous avons adoré, et adorer ce que
» nous avons brûlé. Cela arriva, comme
» je l'avois prédit, & dès cette première
» représentation l'on revint du galima-
» thias, et du stile forcé. »

Un jour, que l'on représentoit cette Pièce, un Vieillard s'écria du milieu du Parterre : *Courage, courage, Molière, voilà la bonne Comédie.* Ce qui fait bien connoître que le Théâtre comique étoit alors bien négligé ; et que l'on étoit fatigué de mauvais Ouvrages avant Molière, comme nous l'avons été après l'avoir perdu.

Cette Comédie eut cependant des critiques ; on disoit que c'étoit une charge un peu forte. Mais Molière connoissoit déjà le point de vue du Théâtre, qui demande de gros traits pour affecter le Public ; & ce principe lui a toujours réussi dans tous les caractères qu'il a voulu peindre.

Le 28 Mars 1660, Molière donna pour la première fois le *Cocu imaginaire*, qui eut beaucoup de succès. Cependant les petits Auteurs comiques de ce tems-là, allarmez de la réputation que Molière commençoit à se former, fesoient tout leur possible pour décrier sa Pièce. Quelques personnes savantes et délicates répandoient aussi leur critique. Le titre de cet ouvrage, disoient-ils, n'est pas noble; et puisqu'il a pris presque toute cette Pièce chez les Étrangers, il pouvoit choisir un sujet qui lui fît plus d'honneur. Le commun des gens ne lui tenoit pas compte de cette Pièce comme des *Précieuses ridicules;* les caractères de celle-là ne les touchoient pas aussi vivement que ceux de l'autre. Cependant malgré l'envie des Troupes, des Auteurs, et des personnes inquiètes, le *Cocu imaginaire* passa avec aplaudissement dans le Public. Un bon Bourgeois

de Paris, vivant bien noblement, mais dans les chagrins que l'humeur et la beauté de sa femme lui avoient assez publiquement causés, s'imagina que Molière l'avait pris pour l'original de son Cocu imaginaire. Ce Bourgeois crut devoir en être offencé; il en marqua son ressentiment à un de ses amis. « Com-
» ment ! » lui dit-t-il, « un petit Comé-
» dien aura l'audace de mettre impuné-
» ment sur le Théâtre un homme de ma
» sorte ? » (Car le Bourgeois s'imagine être beaucoup plus au-dessus du Comédien, que le Courtisan ne croit être élevé au-dessus de lui.) « Je m'en plain-
» drai, » ajouta-t-il : « en bonne police
» on doit réprimer l'insolence de ces
» gens-là : ce sont les pestes d'une Ville;
» ils observent tout pour le tourner en
» ridicule. » L'ami, qui étoit homme de bon sens, et bien informé, lui dit : « Eh !
» Monsieur, si Molière a eu intention
» sur vous, en fesant le *Cocu imagi-*
» *naire*, de quoi vous plaignez-vous ? Il
» vous a pris du beau côté ; et vous se-

» riez bien heureux d'en être quitte pour » l'imagination. » Le Bourgeois, quoique peu satisfait de la réponse de son ami, ne laissa pas d'y faire quelque réflexion, et ne retourna plus au *Cocu imaginaire*.

Molière ne fut pas heureux dans la seconde Piéce nouvelle qu'il fit paroître à Paris le 4 Février 1661. *Dom-Garcie de Navarre*, ou le Prince jaloux, n'eut point de succès. Molière sentit, comme le Public, le foible de sa Piéce. Aussi ne la fit-il pas imprimer ; et on ne l'a ajoutée à ses Ouvrages qu'après sa mort.

Ce peu de réussite releva ses ennemis ; ils espéroient qu'il tomberoit de lui-même, et que comme presque tous les Auteurs comiques, il seroit bien-tôt épuisé. Mais il n'en connut que mieux le goût du tems : il s'y acommoda entièrement dans l'*École des Maris*, qu'il donna le 24 Juin 1661. Cette Piéce qui est une de ses meilleures, confirma le Public dans la bonne opinion qu'il avoit conçue de cet excellent Auteur. On ne douta plus que Molière ne fût entièrement maître du Théâtre dans le genre qu'il avoit choisi. Ses envieux ne purent pourtant s'empêcher de parler mal de son Ouvrage. Je ne vois pas, disoit un Auteur Contemporain, qui ne réussissoit point, où est le mérite de l'avoir fait : ce sont les *Adelphes* de Térence ; il est aisé de travailler en y mettant si peu du sien, et c'est se donner de la réputation à peu de frais. On n'écoutoit point les personnes qui parloient de la sorte ; et Molière eut lieu d'être satisfait du Public, qui aplaudit fort à sa Pièce ; c'est aussi une de celles que l'on verroit encore représenter aujourd'hui avec le plus de plaisir, si elle étoit jouée avec autant de feu et de délicatesse qu'elle l'étoit du tems de l'Auteur.

Les *Fâcheux*, qui parurent à la Cour au mois d'Août 1661, et à Paris le 4 du mois de Novembre suivant, achevèrent de donner à Molière la supériorité sur tous ceux de son tems qui travailloient pour le Théâtre comique. La diversité de caractères dont cette Pièce est remplie, et la nature que l'on y voyoit peinte avec des traits si vifs, enlevoient tous les aplaudissements du Public. On avoua que Molière avoit trouvé la belle Comédie : il la rendoit divertissante et utile. Cependant l'homme de Cour, comme l'homme de Ville, qui croyoit voir le ridicule de son caractère sur le Théâtre de Molière, ataquoit l'Auteur de tous côtés. Il outre tout, disoit-t-on ; il est inégal dans ses peintures ; il dénoue mal. Toutes les dissertations malines que l'on fesoit sur ses Pièces, n'en empêchoient pourtant point le succès ; et le Public étoit toujours de son côté.

On lit dans la Préface, qui est à la tête des Pièces de Molière, qu'elles n'avoient pas d'égales beautés, parce, dit-on, qu'il étoit obligé d'assujettir son génie à des Sujets qu'on lui prescrivoit, et de travailler avec une très-grande précipitation. Mais je sai par de très-bons mémoires qu'on ne lui a jamais donné de sujets. Il en avoit un magazin d'ébauchez par la quantité de petites farces qu'il avoit hazardées dans les Provinces ; et la *Cour* et la *Ville* lui présentoient tous les jours des originaux de tant de façons, qu'il ne pouvoit s'empêcher de travailler de lui-même sur ceux qui frapoient le plus. Et quoiqu'il dise dans sa Préface des *Fâcheux*, qu'il ait fait cette Pièce en quinze jours de tems, j'ai cependant de la peine à le croire ; c'étoit l'homme du monde qui travailloit avec le plus de difficulté ; et il s'est trouvé que des divertissements qu'on lui demandoit, étoient faits plus d'un an auparavant.

On voit dans les remarques de Mr Ménage que « dans la Comédie des *Fâ-
» cheux*, qui est, » dit-t-il, « une des
» plus belles de Mr de Molière, le Fâ-
» cheux chasseur qu'il introduit sur la
» Scène, est M[r] de S** : que ce fut le
» Roi qui lui donna ce sujet, en sortant

» de la première représentation de cette
» Pièce, qui se donna chez Mr Fou-
» quet. » Sa Majesté, voyant passer
Monsieur de S**, dit à Molière : « Voilà
» un grand original que vous n'avez
» point encore copié. » Je n'ai pu savoir
absolument si ce fait est véritable; mais
j'ai été mieux informé que Mr Ménage
de la manière dont cette belle Scène du
Chasseur fut faite. Molière n'y a aucune
part que pour la versification; car ne
connoissant point la chasse, il s'excusa
d'y travailler. De sorte qu'une personne,
que j'ai des raisons de ne pas nommer,
la lui dicta tout entière dans un jardin;
et Mr de Molière l'aïant versifiée, en fit
la plus belle Scène de ses *Fâcheux*, et
le Roi prit beaucoup de plaisir à la voir
représenter.

L'*École des Femmes* parut en 1662,
avec peu de succès ; les gens de spectacle
furent partagés ; les Femmes outragées,
à ce qu'elles croyoient, débauchoient
autant de beaux esprits qu'elles le pou-

voient, pour juger de cette Pièce comme elles en jugeoient. « Mais que trouvez-vous à redire d'essenciel à cette Pièce ? » disoit un Connoisseur à un Courtisan de distinction. — « Ah parbleu! ce que j'y trouve à redire, est plaisant, » s'écria l'homme de Cour! « *Tarte à la crème,* morbleu, *Tarte à la crème.* — Mais, *Tarte à la crème,* n'est point un défaut, » répondit le bon esprit, « pour décrier une Pièce comme vous le faites. — *Tarte à la crème,* est exécrable, » répliqua le Courtisan. « *Tarte à la crème!* bon Dieu! avec du sens commun, peut-t-on soutenir une Pièce où l'on ait mis *Tarte à la crème ?* » Cette expression se répétoit par écho parmi tous les petits esprits de la Cour et de la Ville, qui ne se prêtent jamais à rien, et qui incapables de sentir le bon d'un Ouvrage, saisissent un trait foible, pour ataquer un Auteur beaucoup au-dessus de leur portée. Molière, outré à son tour des mauvais jugemens que l'on portoit sur sa pièce, les ramassa, et en fit la

Critique de l'École des Femmes, qu'il donna en 1663. Cette pièce fit plaisir au Public : elle étoit du tems, et ingénieusement travaillée.

L'*Impromptu de Versailles*, qui fut joué pour la première fois devant le Roi le 14º d'Octobre 1663, et à Paris le 4º de Novembre de la même année, n'est qu'une conversation satirique entre les Comédiens, dans laquelle Molière se donne carrière contre les Courtisans, dont les caractères lui déplaisoient, contre les Comédiens de l'Hôtel de Bourgogne, et contre ses ennemis.

Molière, né avec des mœurs droites, et dont les manières étoient simples et naturelles, souffroit impatiemment le Courtisan empressé, flateur, médisant, inquiet, incommode, faux ami. Il se déchaîne agréablement dans son *Impromptu* contre ces Messieurs-là, qui ne lui pardonnoient pas dans l'ocasion. Il ataque leur mauvais goût pour les ouvrages :

il tâche d'ôter tout crédit au jugement qu'ils fesoient des siens.

Mais il s'atache sur tout à tourner en ridicule une pièce intitulée le *Portrait du Peintre*, que Mr Boursaut avoit faite contre lui; et à faire voir l'ignorance des Comédiens de l'Hôtel de Bourgogne dans la déclamation, en les contrefesant tous si naturellement, qu'on les reconnoissoit dans son jeu. Il épargna le seul Floridor. Il avoit très-grande raison de charger sur leur mauvais goût. Ils ne savoient aucuns principes de leur art; ils ignoroient même qu'il en eût. Tout leur jeu ne consistoit que dans une prononciation ampoulée et emphatique, avec laquelle ils récitoient également tous leurs rôles; on n'y reconnoissoit ni mouvemens, ni passion : et cependant les Beauchateau, les Mondori, étoient aplaudis, parce qu'ils fesoient pompeusement ronfler un vers. Molière, qui connoissoit l'action par principes, étoit indigné d'un jeu si mal réglé, et des aplaudissemens que le Public ignorant lui donnoit. De sorte qu'il s'apliquoit à metre ses Acteurs dans le naturel; et avant lui, pour le comique, et avant Mr le Baron, qu'il forma dans le sérieux, comme je le dirai dans la suite, le jeu des Comédiens étoit pitoïable pour les personnes qui avoient le goût délicat; et nous nous appercevons malheureusement que la plupart de ceux qui représentent aujourd'hui, destitués d'étude qui les soutienne dans la connoissance des principes de leur art, commencent à perdre ceux que Molière avoit établis dans sa Troupe.

La différence de jeu avoit fait naître de la jalousie entre les deux Troupes. On alloit à celle de l'Hôtel de Bourgogne; les Auteurs Tragiques y portoient presque tous leurs Ouvrages; Molière en étoit fâché. De manière qu'aïant sceu qu'ils devoient représenter une pièce nouvelle dans deux mois, il se mit en tête d'en avoir une toute prête pour ce tems-là, afin de figurer avec l'ancienne

Troupe. Il se souvint qu'un an auparavant un jeune homme lui avoit aporté une pièce intitulée *Théagène et Chariclée,* qui à la vérité ne valoit rien ; mais qui lui avoit fait voir que ce jeune homme en travaillant pouvoit devenir un excellent Auteur. Il ne le rebuta point, mais il l'exhorta de se perfectionner dans la Poësie, avant que de hazarder ses Ouvrages au Public : et il lui dit de revenir le trouver dans six mois. Pendant ce tems-là Molière fit le dessein des *Frères Ennemis;* mais le jeune homme n'avoit point encore paru : et lorsque Molière en eut besoin, il ne savoit où le prendre : il dit à ses Comédiens de le lui déterrer à quelque prix que ce fût. Ils le trouvèrent. Molière lui donna son projet ; et le pria de lui en aporter un acte par semaine, s'il étoit possible. Le jeune Auteur, ardent et de bonne volonté, répondit à l'empressement de Molière ; mais celui-ci remarqua qu'il avoit pris presque tout son travail dans la *Thébaïde* de Rotrou. On lui fit entendre que l'on n'avoit point d'honneur à remplir son ouvrage de celui d'autrui; que la pièce de Rotrou étoit assez récente pour être encore dans la mémoire des Spectateurs; et qu'avec les heureuses dispositions qu'il avoit, il falloit qu'il se fît honneur de son premier ouvrage, pour disposer favorablement le Public à en recevoir de meilleurs. Mais comme le tems pressoit, Molière lui aida à changer ce qu'il avoit pillé, et à achever la pièce, qui fut prête dans le tems, et qui fut d'autant plus aplaudie, que le Public se prêta à la jeunesse de Mr Racine, qui fut animé par les aplaudissemens, et par le présent que Molière lui fit. Cependant ils ne furent pas long-tems en bonne intelligence, s'il est vrai que ce soit celui-ci qui ait fait la Critique de l'*Andromaque,* comme Mr Racine le croyoit : il estimoit cet Ouvrage, comme un des meilleurs de l'Auteur; mais Molière n'eut point de part à cette Critique; elle est de Mr de Subligny.

Le Roi connoissant le mérite de Molière, et l'atachement particulier qu'il avoit pour divertir Sa Majesté, daigna l'honorer d'une pension de mille livres. On voit dans ses Ouvrages le remercîment qu'il en fit au Roi. Ce bienfait assura Molière dans son travail ; il crut après cela qu'il pouvoit penser favorablement de ses Ouvrages ; et il forma le dessein de travailler sur de plus grands caractères, et de suivre le goût de Térence un peu plus qu'il n'avoit fait : il se livra avec plus de fermeté aux Courtisans, et aux Savans, qui le recherchoient avec empressement : on croyoit trouver un homme aussi éguayé, aussi juste dans la conversation, qu'il l'étoit dans ses pièces ; et l'on avoit la satisfaction de trouver dans son commerce encore plus de solidité, que dans ses Ouvrages. Et ce qu'il y avoit de plus agréable pour ses amis, c'est qu'il étoit d'une droiture de cœur inviolable, et d'une justesse d'esprit peu commune.

On ne pouvoit souhaiter une situation plus heureuse que celle où il étoit à la Cour, et à Paris depuis quelques années. Cependant il avoit cru que son bonheur seroit plus vif et plus sensible, s'il le partageoit avec une femme; il voulut remplir la passion que les charmes naissans de la fille de la Béjart avoient nourrie dans son cœur, à mesure qu'elle avoit cru. Cette jeune fille avoit tous les agrémens qui peuvent engager un homme, et tout l'esprit nécessaire pour le fixer. Molière avoit passé des amusemens que l'on se fait avec un enfant, à l'amour le plus violent qu'une maîtresse puisse inspirer. Mais il savoit que la mère avoit d'autres vues, qu'il auroit de la peine à déranger. C'étoit une femme altière, et peu raisonnable, lorsqu'on n'adhéroit pas à ses sentimens : elle aimoit mieux être l'amie de Molière que sa belle-mère : ainsi il auroit tout gâté de lui déclarer le dessein qu'il avoit d'épouser sa fille. Il prit le parti de le faire sans en rien dire à cette femme. Mais comme elle l'observoit de fort près, il ne put consommer son mariage pendant plus de neuf mois ; ç'eût été risquer un éclat qu'il vouloit éviter sur toutes choses; d'autant plus que la Béjart, qui le soupçonnoit de quelque dessein sur sa fille, le menaçoit souvent en femme furieuse et extravagante de le perdre, lui, sa fille et elle-même, si jamais il pensoit à l'épouser. Cependant la jeune fille ne s'acommodoit point de l'emportement de sa mère, qui la tourmentoit continuellement, et qui lui fesoit essuyer tous les désagrémens qu'elle pouvoit inventer : de sorte que cette jeune personne, plus lasse peut-être d'atendre le plaisir d'être femme, que de souffrir les duretés de sa mère, se détermina un matin de s'aller jetter dans l'apartement de Molière, fortement résolue de n'en point sortir qu'il ne l'eût reconnue pour sa femme ; ce qu'il fut contraint de faire. Mais cet éclaircissement causa un vacarme terrible; la mère donna des marques de fureur et de désespoir, comme si Molière avoit épousé sa rivale; ou comme si sa fille fût tombée entre les mains d'un malheureux. Néanmoins, il fallut bien s'apaiser, il n'y avoit point de remède; et la raison fit entendre à la Béjart, que le plus grand bonheur qui pût arriver à sa fille, étoit d'avoir épousé Molière; qui perdit par ce mariage tout l'agrément que son mérite et sa fortune pouvoient lui procurer, s'il avoit été assez Philosophe pour se passer d'une femme.

Celle-ci ne fut pas plutôt Mademoiselle de Molière, qu'elle crut être au rang d'une Duchesse; et elle ne se fut pas donnée en Spectacle à la Comédie que le Courtisan désocupé lui en conta. Il est bien difficile à une Comédienne belle, et soigneuse de sa personne, d'observer si bien sa conduite, que l'on ne puisse l'ataquer. Qu'une Comédienne rende à un grand Seigneur les devoirs de politesse qui lui sont dus, il n'y a point de miséricorde; c'est son amant. Molière s'imagina que toute la Cour, toute la Ville en vouloit à son Épouse. Elle négligea de l'en désabuser : au contraire les soins extraordinaires qu'elle prenoit de sa parure, à ce qu'il lui sembloit, pour tout autre que pour lui, qui ne demandoit point tant d'arangement, ne firent qu'augmenter ses soupçons, et sa jalousie. Il avoit beau représenter à sa femme la manière dont elle devoit se conduire, pour passer heureusement la vie ensemble : elle ne profitoit point de ses leçons, qui lui paroissoient trop sévères pour une jeune personne, qui d'ailleurs n'avoit rien à se reprocher. Ainsi Molière, après avoir essuyé beaucoup de froideurs et de dissentions domestiques, fit son possible pour se renfermer dans son travail et dans ses amis, sans se mettre en peine de la conduite de sa femme.

La *Princesse d'Élide*, qui fut représentée dans une grande Fête, que le Roi donna aux Reines, et à toute sa Cour au mois de Mai 1664, fit à Molière tout l'honneur qu'il en pouvoit atendre. Cette pièce le réconcilia, pour ainsi dire, avec le Courtisan chagrin ; elle parut dans un tems de plaisirs, le Prince l'avoit aplaudie, Molière à la Cour étoit inimitable ; on lui rendoit justice de tous côtés ; les sentimens qu'il avoit donnés à ses Personnages, ses vers, sa prose (car il n'avoit pas eu le tems de versifier toute sa pièce), tout fut trouvé excellent dans son ouvrage. Mais le *Mariage forcé*, qui fut représenté le dernier jour de la Fête du Roi, n'eut pas le même sort chez le Courtisan. Est-ce le même Auteur, disoit-on, qui a fait ces deux pièces ? Cet homme aime à parler au Peuple ; il n'en sortira jamais : il croit encore être sur son Théâtre de campagne. Malgré cette critique, qui étoit peut être en sa place, Sganarelle avec ses expressions, ne laissa pas de faire rire l'homme de Cour.

La *Princesse d'Élide*, et le *Mariage forcé* eurent aussi leurs aplaudissemens à Paris au mois de Novembre de la même année ; mais bien des Gens se récrièrent contre cette dernière pièce, qui n'auroit pas passé si un autre Auteur l'avoit donnée, et si elle avoit été jouée par d'autres Comédiens que ceux de la Troupe de Molière, qui par leur jeu fesoient goûter au Bourgeois les choses les plus communes.

Molière, qui avoit acoutumé le Public à lui donner souvent des nouveautez, hazarda son *Festin de Pierre* le 15 de Février 1665. On en jugea dans ce tems-là, comme on en juge en celui-ci. Et Molière eut la prudence de ne point faire imprimer cette pièce ; dont on fit dans le tems une très-mauvaise Critique.

C'est une question souvent agitée dans les conversations, savoir si Molière a maltraité les Médecins par humeur, ou par ressentiment. Voici la solution de ce problème. Il logeoit chez un Médecin, dont la femme, qui étoit extrêmement avare, dit plusieurs fois à la Molière qu'elle vouloit augmenter le loyer de la portion de maison qu'elle ocupoit. Celle-ci qui croyoit encore trop honorer la femme du Médecin de loger chez elle, ne daigna seulement pas l'écouter : de sorte que son apartement fut loué à la Du-Parc ; et on donna congé à la Molière. C'en fut assez pour former de la dissension entre ces trois femmes. La Du-Parc, pour se mettre bien avec sa nouvelle Hôtesse, lui donna un billet de Comédie : celle-ci s'en servit avec joie parce qu'il ne lui coûtoit rien pour voir le spectacle. Elle n'y fut pas plutôt, que la Molière envoya deux Gardes pour la faire sortir de l'Amphithéâtre ; et se donna le plaisir d'aller lui dire elle-même, que puisqu'elle la chassoit de sa maison, elle pouvoit bien à son tour la faire sortir d'un lieu, où elle étoit la maîtresse. La femme du Médecin, plus avare que susceptible de honte, aima mieux se retirer que de payer sa place. Un traitement si offençant causa de la rumeur :

les maris prirent parti trop vivement : de sorte que Molière, qui étoit très-facile à entraîner par les personnes qui le touchoient, irrité contre le Médecin, pour se venger de lui, fit en cinq jours de tems la Comédie de l'*Amour Médecin*, dont il fit un divertissement pour le Roi le 15 de Septembre 1665, et qu'il représenta à Paris le 22 du même mois. Cette pièce ne relevoit pas à la vérité le mérite de son Auteur ; Molière le sentit lui-même, puisqu'en la fesant imprimer il prévient son Lecteur sur le peu de tems qu'il avoit employé à la faire, et sur le peu de plaisir qu'elle peut faire à la lecture.

Depuis ce tems-là Molière n'a pas épargné les Médecins dans toutes les ocasions qu'il en a pu amener, bonnes ou mauvaises. Il est vrai qu'il avoit peu de confiance en leur savoir ; et il ne se servoit d'eux que fort rarement, n'aïant, à ce que l'on dit, jamais été saigné. Et l'on raporte dans deux livres de remarques que Mr de Mauvilain, et lui, étant à Versailles au dîner du Roi, Sa Majesté dit à Molière : « Voilà donc votre » Médecin ? Que vous fait-il ? — Sire, » répondit Molière, « nous raisonnons en-« semble ; il m'ordonne des remèdes ; je » ne les fais point, et je guéris. » On m'a assuré que Molière définissoit un Médecin : *un homme que l'on paye pour conter des fariboles dans la chambre d'un malade, jusqu'à ce que la nature l'ait guéri, ou que les remèdes l'aient tué*. Cependant un Médecin du tems et de la connoissance de Molière veut lui ôter l'honneur de cette heureuse définition, et il m'a assuré qu'il en étoit l'Auteur. Mr de Mauvilain est le Médecin pour lequel Molière a fait le troisième placet qui est à la tête de son *Tartuffe*, lorsqu'il demanda au Roi un Canonicat de Vincennes pour le fils de ce Médecin.

Molière étoit continuellement ocupé du soin de rendre sa Troupe la meilleure. Il avoit de bons Acteurs pour le Comique ; mais il lui en manquoit pour le sérieux, qui répondissent à la manière dont il vouloit qu'il fut récité sur le Théâtre. Il se présenta une favorable ocasion de remplir ses intentions, et le plaisir qu'il avoit de faire du bien à ceux qui le méritoient. Mr le Baron a toujours été de ces sujets heureux qui touchent à la première vue. Je me flate qu'il ne trouvera point mauvais que je dise comment il excita Molière à lui vouloir du bien ; c'est un des plus beaux endroits de la Vie d'un homme, dont la mémoire doit lui être chère.

Un Organiste de Troie, nommé Raisin, fortement ocupé du désir de gagner de l'argent, fit faire une épinette à trois claviers, longue à peu près de trois piés, et large de deux et demi, avec un corps, dont la capacité étoit le double plus grande que celles des épinettes ordinaires. Raisin avoit quatre enfans, tous jolis, deux garçons, et deux filles ; il leur avoit apris à jouer de l'épinette. Quand il eut perfectionné son idée, il quite son orgue, et vient à Paris avec sa femme, ses enfants et l'épinette. Il obtint une permission de faire voir à la foire de Saint Germain le petit spectacle qu'il avoit préparé. Son affiche, qui promettoit un Prodige de méchanique, et d'obéissance dans une épinette, lui atira du monde les premières fois suffisamment pour que le Public fût averti que jamais on n'avoit vu une chose aussi étonnante que l'épinette du Troyen. On va la voir en foule ; tout le monde l'admire ; tout le monde en est surpris ; et peu de personnes pouvoient deviner l'artifice de cet instrument. D'abord le petit Raisin l'aîné, et sa petite sœur Babet se metoient chacun à son clavier, et jouoient ensemble une pièce, que le troisième clavier répétoit seul d'un bout à l'autre, les deux enfants aïant les bras levés. Ensuite le père les fesoit retirer, et prenoit une clef, avec laquelle il montoit cet instrument, par le moyen d'une roue qui fesoit un vacarme terrible dans le corps de la machine, comme s'il y avoit eu une multiplicité de roues, possible et nécessaire pour exécuter ce qu'il lui alloit faire jouer. Il la changeoit même souvent de place pour ôter tout soupçon. « Hé ! épinette, » disoit-il, à cet instrument quand tout étoit préparé, « jouez-moi une telle courante. » Aussi-tôt l'obéissante épinette jouoit cette pièce entière. Quelquefois Raisin l'interrompoit, en lui disant : « Arrestez-vous, épinette. » S'il lui disoit de poursuivre la pièce, elle la poursuivoit ; d'en jouer une autre, elle la jouoit ; de se taire, elle se taisoit.

Tout Paris étoit ocupé de ce petit prodige ; les esprits foibles croyoient Raisin sorcier ; les plus présomptueux ne pouvoient le deviner. Cependant la foire valut plus de vingt mille livres à Raisin. Le bruit de cette épinette alla jusqu'au Roi ; Sa Majesté voulut la voir, et en admira l'invention. Elle la fit passer dans l'apartement de la Reine, pour lui donner un spectacle si nouveau. Mais Sa Majesté en fut tout d'un coup effrayée ; de sorte que le Roi ordonna sur le champ que l'on ouvrît le corps de l'épinette, d'où l'on vit sortir un petit enfant de cinq ans, beau comme un Ange. C'étoit Raisin le cadet, qui fut dans le moment caressé de toute la Cour. Il étoit tems que le pauvre enfant sortît de sa prison, où il étoit si mal à son aise depuis cinq ou six heures, que l'épinette en avoit contracté une mauvaise odeur.

Quoique le secret de Raisin fût découvert, il ne laissa pas de former le dessein de tirer encore parti de son épinette à la foire suivante. Dans le tems il fait afficher, et il annonce le même spectacle que l'année précédente ; mais il promet de découvrir son secret, et d'acompagner son épinette d'un petit divertissement. Cette foire fut aussi heureuse pour Raisin que la première. Il commençoit son spectacle par sa machine, ensuite de quoi les trois enfants dançoient une sarabande ; ce qui étoit suivi d'une Comédie que ces trois petites personnes, et quelques autres dont

Raisin avoit formé une Troupe, représentoient tant bien que mal. Ils avoient deux petites pièces qu'ils fesoient rouler, *Tricassin rival*, et l'*Andouille de Troie*. Cette Troupe prit le titre de Comédiens de Monsieur le Dauphin, et elle se donna en spectacle avec succès pendant du tems.

Je sais que cette Histoire n'est pas tout-à-fait de mon sujet; mais elle m'a paru si singuliére, que je ne crois pas que l'on me sache mauvais gré de l'avoir donnée. D'ailleurs on verra par la suite, qu'elle a du rapport à quelques particularitez qui regardent Molière.

Pendant que cette nouvelle Troupe se fesoit valoir, le petit Baron étoit en pension à Villejuif; et un Oncle, et une Tante ses Tuteurs avoient déjà mangé la plus grande et la meilleure partie du bien que sa mère lui avoit laissé, et lui en restant peu qu'ils pussent consommer, ils commençoient à être embarrassés de sa personne. Ils poursuivoient un procès en son nom : leur Avocat, qui se nommoit Margane, aimoit beaucoup à faire de méchans vers : une pièce de sa façon intitulée *la Nimphe dodue*, qui couroit parmi le Peuple, fesoit assez connoître la mauvaise disposition qu'il avoit pour la Poësie. Il demanda un jour à l'Oncle et à la Tante de Baron ce qu'ils vouloient faire de leur pupille. « Nous ne le savons point, » dirent-ils ; « son inclination ne paroît pas encore : » cependant il récite continuellement » des vers. — Et bien, » répondit l'Avocat, « que ne le mettez-vous dans cette pe- » tite Troupe de Monsieur le Dauphin, » qui a tant de succès ? » Ces parens saisirent ce conseil plus par envie de se deffaire de l'enfant, pour dissiper plus aisément le reste de son bien, que dans la vue de faire valoir le talent qu'il avoit apporté en naissant. Ils l'engagèrent donc pour cinq ans dans la Troupe de la Raisin, car son mari étoit mort alors. Cette femme fut ravie de trouver un enfant qui étoit capable de remplir tout ce que l'on souhaiteroit de lui : et elle fit ce petit contrat avec d'autant plus d'empressement, qu'elle y avoit été fortement incitée par un fameux Médecin, qui étoit de Troie, et qui s'intéressant à l'établissement de cette veuve, jugeoit que le petit Baron pouvoit y contribuer, étant fils d'une des meilleures Comédiennes qui ait jamais été.

Le petit Baron parut sur le Théâtre de la Raisin avec tant d'aplaudissement, qu'on le fut voir jouer avec plus d'empressement que l'on n'en avoit eu à chercher l'épinette. Il étoit surprenant qu'un enfant de dix ou onze ans, sans avoir été conduit dans les principes de la déclamation, fît valoir une passion avec autant d'esprit qu'il le fesoit.

La Raisin s'étoit établie après la foire proche du vieux Hôtel de Guénégaud ; et elle ne quita point Paris qu'elle n'eût gagné vingt mille écus de bien. Elle crut que la campagne ne lui seroit pas moins favorable ; mais à Rouen, au lieu de préparer le lieu de son spectacle, elle mangea ce qu'elle avoit d'argent avec un Gentil-homme de Monsieur le Prince de Monaco, nommé Olivier, qui l'aimoit à la fureur, et qui la suivoit par tout ; de sorte qu'en très-peu de tems sa Troupe fut réduite dans un état pitoyable. Ainsi destituée de moyens pour jouer la Comédie à Rouen, la Raisin prit le parti de revenir à Paris avec ses petits Comédiens, et son Olivier.

Cette femme n'aïant aucune ressource, et connoissant l'humeur bien-fesante de Molière, alla le prier de lui prêter son Théâtre pour trois jours seulement, afin que le petit gain qu'elle espéroit de faire dans ses trois représentations lui servît à remettre sa troupe en état. Molière voulut bien lui acorder ce qu'elle lui demandoit. Le premier jour fut plus heureux qu'elle ne se l'étoit promis ; mais ceux qui avoient entendu le petit Baron, en parlèrent si avantageusement, que le second jour qu'il parut sur le Théâtre, le lieu étoit si rempli, que la Raisin fit plus de mille écus.

Molière, qui étoit incommodé, n'avoit pu voir le petit Baron les deux premiers jours ; mais tout le monde lui en dit tant de bien, qu'il se fit porter au Palais Royal à la troisième représentation, tout malade qu'il étoit. Les Comédiens de l'Hôtel de Bourgogne n'en avoient manqué aucune, et ils n'étoient pas moins surpris du jeune Acteur, que l'étoit le Public, sur tout la Du-Parc, qui le prit tout d'un coup en amitié ; et qui bien sérieusement avoit fait de grands préparatifs pour lui donner à souper ce jour-là. Le petit homme, qui ne sçavoit auquel entendre pour recevoir les caresses qu'on lui fesoit, promit à cette Comédienne qu'il iroit chez elle. Mais la partie fut rompue par Molière, qui lui dit de venir souper avec lui. C'étoit un maître et un oracle quand il parloit. Et ces Comédiens avoient tant de déférence pour lui, que Baron n'osa lui dire qu'il étoit retenu ; et la Du-Parc n'avoit garde de trouver mauvais que le jeune homme lui manquât de parole. Ils regardoient tous ce bon acueil, comme la fortune de Baron ; qui ne fut pas plutôt arrivé chez Molière, que celui-ci commença par envoyer chercher son Tailleur, pour le faire habiller, (car il étoit en très-mauvais état) et il recommanda au Tailleur que l'habit fût très-propre, complet, et fait dès le lendemain matin. Molière interrogeoit et observoit continuellement le jeune Baron pendant le souper, et il le fit coucher chez lui, pour avoir plus de tems de connoître ses sentimens par la conversation, afin de placer plus seurement le bien qu'il lui vouloit faire.

Le lendemain matin le Tailleur exact aporta sur les neuf à dix heures au petit Baron un équipage tout complet. Il fut tout étonné, et fort aise de se voir tout d'un coup si bien ajusté. Le Tailleur lui dit qu'il falloit descendre dans l'apartement de Molière pour le remercier. « C'est bien mon intention, » répondit le petit homme, « mais je ne crois pas » qu'il soit encore levé. » Le Tailleur l'aïant assuré du contraire, il descendit, et fit un compliment de reconnoissance à Molière, qui en fut très-satisfait, et qui ne se contenta pas de l'avoir si bien fait acommoder ; il lui donna encore six louis d'or, avec ordre de les dépencer à ses plaisirs. Tout cela étoit un rêve pour un enfant de douze ans, qui étoit depuis long-tems entre les mains de gens durs, avec lesquels il avoit souffert, et il étoit dangereux et triste qu'avec les favorables dispositions qu'il avoit pour le Théâtre, il restât en de si mauvaises mains. Ce fut cette fâcheuse situation qui toucha Molière. Il s'aplaudit d'être en état de faire du bien à un jeune homme qui paroissoit avoir toutes les qualitez nécessaires pour profiter du soin qu'il vouloit prendre de lui; il n'avoit garde d'ailleurs, à le prendre du côté du bon esprit, de manquer une ocasion si favorable d'assurer sa Troupe, en y fesant entrer le petit Baron.

Molière lui demanda ce que sincérement il souhaiteroit le plus alors ? —

« D'être avec vous le reste de mes jours, »
lui répondit Baron, « pour vous mar-
» quér ma vive reconnoissance de toutes
» les bontez que vous avez pour moi. —
» Eh! bien, » lui dit Molière, « c'est une
» chose faite, le Roi vient de m'accorder
» un ordre pour vous ôter de la Troupe
» où vous êtes. » Molière, qui s'étoit
levé dès quatre heures du matin, avoit
été à S. Germain suplier sa Majesté de
lui acorder cette grace, et l'ordre avoit
été expédié sur le champ.

La Raisin ne fut pas longtemps à savoir son malheur; animée par son Olivier, elle entra toute furieuse le lendemain matin dans la chambre de Molière,
deux pistolets à la main, et lui dit que
s'il ne lui rendoit son Acteur elle alloit
lui casser la tête. Molière, sans s'émou-
voir, dit à son domestique de lui ôter
cette femme-là. Elle passa tout d'un coup
de l'emportement à la douleur; les pistolets lui tombèrent des mains, et elle se
jeta aux piés de Molière, le conjurant,
les larmes aux yeux, de lui rendre son

Acteur; et lui exposant la misère où elle alloit être réduite, elle et toute sa famille, s'il le retenoit. — « Comment vou-
» lez-vous que je fasse ? » lui dit-il ; « le
» Roi veut que je le retire de votre
» Troupe ; voilà son ordre. » La Raisin voyant qu'il n'y avoit plus d'espérance, pria Molière de lui acorder du moins que le petit Baron jouât encore trois jours dans sa Troupe. — « Non-seulement
» trois, » répondit Molière, « mais huit;
» à condition pourtant qu'il n'ira point
» chez vous, et que je le ferai toujours
» acompagner par un homme qui le ra-
» mènera dès que la pièce sera finie. »
Et cela de peur que cette femme, et Olivier, ne séduisissent l'esprit du jeune homme pour le faire retourner avec eux. Il fallut bien que la Raisin en passât par là ; mais ces huit jours lui donnèrent beaucoup d'argent, avec lequel elle voulut faire un établissement près de l'Hôtel de Bourgogne ; mais dont le détail, et le succès ne regardent point mon sujet.

Molière, qui aimoit les bonnes mœurs, n'eut pas moins d'attention à former celles de Baron, que s'il eût été son propre fils : il cultiva avec soin les dispositions extraordinaires qu'il avoit pour la déclamation. Le Public sait comme moi jusqu'à quel degré de perfection il l'a élevé. Mais ce n'est pas le seul endroit par lequel il nous a fait voir qu'il a sçu profiter des leçons d'un si grand Maître. Qui, depuis sa mort, a soutenu plus seurement le Théâtre comique, que Monsieur Baron ?

Le Roi se plaisoit tellement aux divertissements fréquents que la Troupe de Molière lui donnoit, qu'au mois d'Août 1665, Sa Majesté jugea à propos de la fixer tout-à-fait à son service, en lui donnant une pension de sept mille livres. Elle prit alors le titre de la Troupe du Roi, qu'elle a toujours conservé depuis, et elle étoit de toutes les fêtes qui se fesoient par tout où étoit Sa Majesté.

Molière de son côté n'épargnoit ni

soins, ni veilles pour soutenir, et augmenter la réputation qu'il s'étoit acquise, et pour répondre aux bontez que le Roi avoit pour lui. Il consultoit ses amis ; il examinoit avec atention ce qu'il travailloit ; on sait même que lorsqu'il vouloit que quelque Scène prît le Peuple des Spectateurs, comme les autres, il la lisoit à sa servante pour voir si elle en seroit touchée. Cependant il ne saisissoit pas toujours le Public d'abord ; il l'éprouva dans son *Avare*. A peine fut-il représenté sept fois. La prose dérouta ce Public. « Comment ! » disoit Monsieur le Duc de.... « Molière est-il fou, » et nous prend-il pour des benests, de » nous faire essuyer cinq Actes de prose ? » A-t-on jamais vu plus d'extravagance ? » Le moyen d'être diverti par de la » prose ! » Mais Molière fut bien vengé de ce Public injuste et ignorant quelques années après : il donna son *Avare* pour la seconde fois le 9° Septembre 1668. On y fut en foule, et il fut joué presque toute l'année ; tant il est vrai que le

Public goûte rarement les bonnes choses quand il est dépaysé. Cinq Actes de prose l'avoient révolté la première fois ; mais la lecture et la réflexion l'avoient ramené, et il fut voir avec empressement une pièce qu'il avoit méprisée dans les commencemens.

Cependant ces jugemens injustes et de cabale, et la situation domestique où se trouvoit Molière, ne laissoient pas de le troubler, quelque heureux qu'il fût du *côté de son Prince*, et de celui de ses amis. Son mariage diminua l'amitié que la Béjart avoit pour lui auparavant, au lieu de la cimenter : de manière qu'il voyoit bien que sa belle-mère ne l'aimoit plus, et il s'imaginoit que sa femme étoit prête à le haïr. L'esprit de ces deux femmes étoit tellement oposé à celui de Molière qu'à moins de s'assujetir à leur conduite, et à leur humeur, il ne devoit pas compter de jouir d'aucuns momens agréables avec elles. Le bien que Molière fesoit à Baron déplaisoit à sa

femme : sans se mettre en peine de répondre à l'amitié qu'elle vouloit exiger de son mari, elle ne pouvoit souffrir qu'il eût de la bonté pour cet enfant, qui de son côté à treize ans n'avoit pas toute la prudence nécessaire, pour se gouverner avec une femme, pour qui il devoit avoir des égards. Il se voyoit aimé du mari ; necessaire même à ses spectacles, caressé de toute la Cour, il s'embarassoit fort peu de plaire, ou non à la Molière : elle ne le négligeoit pas moins ; elle s'échapa même un jour de lui donner un soufflet sur un sujet assez léger. Le jeune homme en fut si vivement piqué qu'il se retira de chez Molière : il crut son honneur intéressé d'avoir été batu par une femme. Voilà de la rumeur dans la maison. « Est-il possible, » dit Molière à son Épouse, « que vous ayez
» eu l'imprudence de fraper un enfant
» aussi sensible que vous connoissez ce-
» lui-là ; et encore dans un tems où il
» est chargé d'un rolle de six cens vers
» dans la pièce que nous devons représen-

» ter incessamment devant le Roi ? » On donna beaucoup de mauvaises raisons, piquantes même, ausquelles Molière prit le parti de ne point répondre ; il se retrancha à tâcher d'adoucir le jeune homme, qui s'étoit sauvé chez la Raisin. Rien ne pouvoit le ramener, il étoit trop irrité ; cependant il promit qu'il représenteroit son rolle ; mais qu'il ne rentreroit point chez Molière. En effet il eut la hardiesse de demander au Roi à Saint Germain la permission de se retirer. Et incapable de réflexion, il se remit dans la Troupe de la Raisin, qui l'avoit excité à tenir ferme dans son ressentiment.

Cette femme prit la résolution de courir la Province avec sa Troupe, qui réussit assez par tout à cause de son Acteur. Mais elle se dérangea par la suite. Il s'en forma une meilleure, dans laquelle étoit Mademoiselle de Beauval : Baron jugea à propos de s'y metre. Cependant il étoit toujours ocupé de Molière ; l'âge, le changement lui fesoient sentir la reconnoissance qu'il lui devoit, et le tort qu'il avoit eu de le quiter. Il ne cachoit point ces sentimens, et il disoit publiquement qu'il ne chercheoit point à se remettre avec lui, parce qu'il s'en reconnoissoit indigne. Ces discours furent raportés à Molière ; il en fut bien aise ; et ne pouvant tenir contre l'envie qu'il avoit de faire revenir ce jeune homme dans sa Troupe, qui en avoit besoin, il lui écrivit à Dijon une lettre très-touchante ; et comme s'il avoit été assuré que Baron adhéreroit à sa priére, et répondroit au bien qu'il lui fesoit, il lui envoya un nouvel ordre du Roi, et lui marqua de prendre la poste pour se rendre plus promtement auprès de lui.

Molière avoit souffert de l'absence de Baron ; l'éducation de ce jeune homme l'amusoit dans ses momens de relâche ; les chagrins de famille augmentoient tous les jours chez lui. Il ne pouvoit pas toujours travailler, ni être avec ses amis pour s'en distraire. D'ailleurs il n'aimoit pas le nombre, ni la gêne, il n'avoit rien pour s'amuser et s'étourdir sur ses déplaisirs. Sa plus douloureuse réflexion étoit, qu'étant parvenu à se former la réputation d'un homme de bon esprit, on eût à lui reprocher que son ménage n'en fût pas mieux conduit, et plus paisible. Ainsi il regardoit le retour de Baron comme un amusement famillier, avec lequel il pourroit avec plus de satisfaction mener une vie tranquile, conforme à sa santé et à ses principes, débarassé de cet atirail étranger de famille, et d'amis mème qui nous dérobent le plus souvent par leur présence importune les momens les plus agréables de notre vie.

Baron ne fut pas moins vif que Molière sur les sentimens du retour : il part aussi-tôt qu'il eut reçu la lettre : et Molière ocupé du plaisir de revoir son jeune Acteur quelques momens plutôt, fut l'atendre à la porte Saint Victor le jour qu'il devoit arriver. Mais il ne le reconnut point. Le grand air de la campagne et la course l'avoient tellement harrassé et défiguré, qu'il le laissa passer sans le reconnoître, et il revint chez lui tout triste après avoir bien atendu. Il fut agréablement surpris d'y trouver Baron, qui ne put metre en œuvre un beau compliment qu'il avoit composé en chemin ; la joie de revoir son bien-faiteur lui ôta la parole.

Molière demanda à Baron s'il avoit de l'argent. Il lui répondit qu'il n'en avoit que ce qui étoit resté de répandu dans sa poche; parce qu'il avoit oublié sa bourse sous le chevet de son lit à la dernière couchée ; qu'il s'en étoit aperçu à quelques postes ; mais que l'empressement qu'il avoit de le revoir ne lui avoit pas permis de retourner sur ses pas pour chercher son argent. Molière fut ravi que Baron revînt touché, et reconnoissant. Il l'envoya à la Comédie, avec ordre de s'enveloper tellement dans son manteau que personne ne pût le reconnoître; parce qu'il n'étoit pas habillé, quoique fort proprement, à la phantaisie d'un homme qui en fesoit l'agrément de ses spectacles ; Molière n'oublia rien pour le remetre dans son lustre. Il reprit la même atention qu'il avoit eue pour lui dans les commencemens : et l'on ne peut s'imaginer avec quel soin il s'apliquoit à le former dans les mœurs, comme dans sa profession. En voici un exemple qui fait un des plus beaux traits de sa vie.

Un homme, dont le nom de famille étoit Mignot, et Mondorge celui de Comédien, se trouvant dans une triste situation, prit la résolution d'aller à Hauteüil, où Molière avoit une maison, et où il étoit actuellement, pour tâcher d'en tirer quelque secours, pour les besoins pressans d'une famille qui étoit dans une misère affreuse. Baron, à qui ce Mondorge s'adressa, s'en aperçut aisément ; car ce pauvre Comédien fesoit le spectacle du monde le plus pitoyable. Il dit à Baron, qu'il savoit être un assuré protecteur auprès de Molière, que l'urgente nécessité où il étoit lui avoit fait prendre le parti de recourir à lui, pour le mettre en état de rejoindre quelque troupe avec sa famille; qu'il avoit été le camarade de Mr de Molière en Languedoc; et qu'il ne doutoit pas qu'il ne lui fît quelque charité, si Baron vouloit bien s'intéresser pour lui.

Baron monta dans l'apartement de Molière, et lui rendit le discours de Mondorge, avec peine, et avec précaution pourtant, craignant de rapeller désagréablement à un homme fort riche, l'idée d'un camarade fort gueux. « Il est » vrai que nous avons joué la Comédie » ensemble, » dit Molière, « et c'est un » fort honneste homme ; je suis fâché » que ses petites affaires soient en si » mauvais état. Que croyez-vous, » ajouta-t-il, « que je lui doive donner ? » Baron se deffendit de fixer le plaisir que Molière vouloit faire à Mondorge, qui pendant que l'on décidoit sur le secours dont il avoit besoin, dévoroit dans la cuisine, où Baron lui avoit fait donner à manger. — « Non, » répondit Molière, » je veux que vous déterminiez ce que » je dois lui donner. » Baron ne pouvant s'en deffendre, statua sur quatre pistoles, qu'il croyoit suffisantes pour donner à Mondorge la facilité de joindre une Troupe. — « Eh bien, je vais lui donner » quatre pistoles pour moi, » dit Molière à Baron, « puisque vous le jugez à pro- » pos : mais en voilà vingt autres que je » lui donnerai pour vous : je veux qu'il » connoisse que c'est à vous qu'il a l'obli- » gation du service que je lui rens. J'ai » aussi, » ajoute-t-il, « un habit de Théâ- » tre, dont je crois que je n'aurai plus de » besoin, qu'on le lui donne; le pauvre » homme y trouvera de la ressource pour » sa profession. » Cependant cet habit, que Molière donnoit avec tant de plaisir, lui avoit coûté deux mille cinq cens livres, et il étoit presque *tout neuf*. Il assaisonna ce présent d'un bon acueil qu'il fit à Mondorge, qui ne s'étoit pas atendu à tant de libéralité.

Quoique la Troupe de Molière fût suivie, elle ne laissa pas de languir pendant quelque tems par le retour de Scaramouche. Ce Comédien, après avoir gagné une somme assez considérable pour se faire dix ou douze mille livres de rente, qu'il avoit placées à Florence, lieu de sa naissance, fit dessein d'aller s'y établir. Il commença par y envoyer sa femme, et ses enfans; et quelque tems après il demanda au Roi la permission de se retirer en son Pays. Sa Majesté voulut bien la lui acorder; mais elle lui dit en même-tems qu'il ne falloit pas espérer de retour. Scaramouche, qui ne comptoit pas de revenir, ne fit aucune atention à ce que le Roi lui avoit dit : il avoit de quoi se passer du Théâtre. Il part; mais il trouva chez lui une femme et des enfans rebelles, qui le reçurent non-seulement comme un étranger, mais encore qui le maltraitèrent. Il fut batu plusieurs fois par sa femme, aidée de ses enfans, qui ne vouloient point partager avec lui la jouissance du bien qu'il avoit gagné, et ce mauvais traitement alla si loin, qu'il ne put y résister : de manière qu'il fit solliciter fortement son retour en France, pour

se délivrer de la triste situation où il étoit en Italie. Le Roi eut la bonté de lui permettre de revenir. Paris l'avoit trouvé fort à redire ; *et son retour réjouit toute la Ville.* On alla avec empressement à la Comédie Italienne pendant plus de six mois, pour revoir Scaramouche : la Troupe de Molière fut négligée pendant tout ce tems-là ; elle ne gagnoit rien ; et les Comédiens étoient prêts à *se révolter contre leur Chef.* Ils n'avoient point encore Baron pour rapeller le Public ; et l'on ne parloit pas de son retour. Enfin ces Comédiens injustes murmuroient hautement contre Molière, et lui reprochoient qu'il laissoit languir leur Théâtre. « Pourquoi, » lui disoient-ils, « ne faites-vous pas des ou-
» vrages qui nous soutiennent ? Faut-il
» que ces Farceurs d'Italiens nous en-
» lèvent tout Paris ? » En un mot la troupe étoit un peu dérangée, et chacun des Acteurs méditoit de prendre son parti. Molière étoit lui-même embarassé comment il les ramèneroit ; et à la fin

fatigué des discours de ses Comédiens, il dit à la Du-Parc, et à la Béjart, qui le tourmentoient le plus, qu'il ne savoit qu'un moyen pour l'emporter sur Scaramouche, et gagner bien de l'argent : que c'étoit d'aller bien loin pour quelque tems, pour s'en revenir comme ce Comédien; mais il ajouta qu'il n'étoit ni en pouvoir, ni dans le dessein d'exécuter ce moyen, qui étoit trop long; mais qu'elles étoient les maîtresses de s'en servir. Après s'être moqué d'elles, il leur dit sérieusement que Scaramouche ne seroit pas toujours couru avec ce même empressement : qu'on se lassoit des bonnes choses, comme des mauvaises, et qu'ils auroient leur tour. Ce qui arriva aussi par la première pièce que donna Molière.

Ce n'est pas là le seul désagrément que Molière ait eu avec ses Comédiens : l'avidité du gain étouffoit bien souvent leur reconnoissance, et ils le harcelloient toujours pour demander des graces au

Roi. Les Mousquetaires, les Gardes-du-Corps, les Gendarmes, et les Chevaux-Legers entroient à la Comédie sans payer : et le Parterre en étoit toujours rempli : de sorte que les Comédiens pressèrent Molière d'obtenir de Sa Majesté un Ordre pour qu'aucune personne de sa Maison n'entrât à la Comédie sans payer. Le Roi le lui acorda. Mais ces Messieurs ne trouvèrent pas bon que les Comédiens leur fissent imposer une loi si dure; et ils prirent pour un affront qu'ils eussent eu la hardiesse de le demander : les plus mutins s'ameutèrent; et ils résolurent de forcer l'entrée. Ils furent en troupe à la Comédie. Ils ataquent brusquement les Gens qui gardoient les portes. Le Portier se deffendit pendant quelque tems; mais enfin étant obligé de céder au nombre, il leur jeta son épée, se persuadant qu'étant desarmé, ils ne le tueroient pas : le pauvre homme se trompa. Ces furieux, outrés de la résistance qu'il avoit faite, le percèrent de cent coups d'épée : et chacun d'eux en entrant lui donnoit le sien. Ils cherchoient toute la Troupe pour lui faire éprouver le même traitement qu'aux gens qui avoient voulu soutenir la porte. Mais Béjart, qui étoit habillé en vieillard pour la pièce qu'on alloit jouer, se présenta sur le Théâtre. « Eh ! Messieurs, » leur dit-il, « épargnez du » moins un pauvre Vieillard de soixante-» quinze ans, qui n'a plus que quelques » jours à vivre. » Le compliment de ce jeune Comédien, qui avoit profité de son habillement pour parler à ces mutins, calma leur fureur. Molière leur parla aussi très-vivement sur l'ordre du Roi. De sorte que refléchissant sur la faute qu'ils venoient de faire, ils se retirèrent. Le bruit, et les cris avoient causé une allarme terrible dans la Troupe ; les femmes croyoient être mortes : chacun cherchoit à se sauver, sur tout Hubert et sa femme, qui avoient fait un trou dans le mur du Palais Royal. Le mari voulut passer le premier ; mais parce que le trou n'étoit pas assez ouvert, il ne passa que la tête et les épaules ; jamais le reste ne put suivre. On avoit beau le tirer de dedans le Palais Royal, rien n'avançoit ; et il crioit comme un forcené par le mal qu'on lui fesoit, et dans la peur qu'il avoit que quelque Gendarme ne lui donnât un coup d'épée dans le derrière. Mais le tumulte s'étant apaisé, il en fut quite pour la peur ; et l'on agrandit le trou pour le retirer de la torture où il étoit.

Quand tout ce vacarme fut passé la Troupe tint conseil, pour prendre une résolution dans une occasion si périlleuse. « Vous ne m'avez point donné de » repos, » dit Molière à l'Assemblée, » que je n'aie importuné le Roi pour » avoir l'ordre, qui nous a mis tous à » deux doigts de notre perte ; il est ques- » tion présentement de voir ce que nous » avons à faire. » Hubert vouloit qu'on laissât toujours entrer la maison du Roi, tant il apréhendoit une seconde rumeur. Plusieurs autres, qui ne craignoient pas moins que lui, furent de même avis. Mais Molière, qui étoit ferme dans ses résolutions, leur dit que puisque le Roi avoit daigné leur acorder cet ordre, il falloit en pousser l'exécution jusques au bout, si Sa Majesté le jugeoit à propos : et « je pars dans ce moment, » leur dit-il, « pour l'en informer. » Ce dessein ne plut nullement à Hubert, qui trembloit encore.

Quand le Roi fut instruit de ce désordre, Sa Majesté ordonna aux Commandans des Corps qui l'avoient fait, de les faire metre sous les armes le lendemain, pour connoître et faire punir les plus coupables, et pour leur réitérer ses deffenses d'entrer à la Comédie sans payer. Molière, qui aimoit fort la harangue, fut en faire une à la tête des Gendarmes ; et leur dit que ce n'étoit point pour eux, ni pour les autres personnes qui composoient la Maison du Roi, qu'il avoit demandé à Sa Majesté un ordre pour les empêcher d'entrer à la Comédie : que la Troupe seroit toujours ravie de les recevoir quand ils voudroient les honorer de leur présence. Mais qu'il y avoit un nombre infini de malheureux qui tous les jours abusant de leur nom, et de la bandolière de Messieurs les Gardes-du-Corps, venoient remplir le Parterre, et ôter injustement à la Troupe le gain qu'elle devoit faire. Qu'il ne croyoit pas que des Gentilshommes qui avoient l'honneur de servir le Roi dûssent favoriser ces misérables contre les Comédiens de Sa Majesté. Que d'entrer à la Comédie sans payer n'étoit point une prérogative que des personnes de leur caractère dûssent si fort ambitionner, jusqu'à répandre du sang pour se la conserver. Qu'il falloit laisser ce petit avantage aux Auteurs, et aux Personnes, qui n'aïant pas le moyen de dépenser quinze sols, ne voyoient le spectacle que par charité, s'il m'est permis, dit-il, de parler de la sorte. Ce discours fit tout l'effet que Molière s'étoit promis ; et depuis ce tems-là la Maison du Roi n'est point entrée à la Comédie sans payer.

Quelque tems après le retour de Baron, on joua une pièce intitulée *Dom-Quixote* (je n'ai pu savoir de quel Auteur). On l'avoit prise dans le tems que Dom-Quixote installe Sancho-Pança dans son Gouvernement. Molière fesoit Sancho : et comme il devoit paroître sur le Théâtre monté sur un Ane, il se mit dans la coulisse pour être prest à entrer dans le moment que la Scène le demanderoit. Mais l'Ane, qui ne savoit point le rolle par cœur, n'observa point ce moment ; et dès qu'il fut dans la coulisse il voulut entrer, quelques efforts que Molière employât pour qu'il n'en fît rien. Sancho tiroit le licou de toute sa force ; l'Ane n'obéissoit point ; il vouloit absolument paroître. Molière apelloit : « Baron, la Forest, à moi ! ce » maudit Ane veut entrer. » La Forest étoit une servante qui fesoit alors tout son domestique, quoiqu'il eût près de trente mille livres de rente. Cette femme étoit dans la coulisse oposée, d'où elle ne pouvoit passer par-dessus le Théâtre pour arrêter l'Ane ; et elle rioit de tout son cœur de voir son maître renversé sur le derrière de cet animal, tant il metoit de force à tirer son licou, pour le retenir. Enfin, destitué de tout secours, et désespérant de pouvoir vaincre l'opiniâtreté de son Ane, il prit le parti de se retenir aux ailes du Théâtre, et de laisser glisser l'animal entre ses jambes pour aller faire telle Scène qu'il jugeroit à propos. Quand on fait réflexion au caractère d'esprit de Molière, à la gravité de sa conduite, et de sa conversation, il est risible que ce Philosophe fût exposé à de pareilles avantures, et prît sur lui les Personnages les plus comiques. Il est vrai qu'il s'en est lassé plus d'une fois, et si ce n'avoit été l'attachement inviolable qu'il avoit pour les plaisirs du Roi, il auroit tout quité pour vivre dans une molesse philosophique, dont son domestique, son travail, et sa Troupe l'empêchoient de jouir. Il y avoit d'autant plus d'inclination qu'il étoit devenu très-valétudinaire, et il étoit réduit à ne vivre que de lait. Une toux qu'il avoit négligée, lui avoit causé une fluxion sur la poitrine, avec un crachement de sang, dont il étoit resté incommodé ; de sorte qu'il fut obligé de se mettre au lait pour se racommoder, et pour être en état de continuer son travail. Il observa ce régime presque le reste de ses jours. De manière qu'il n'avoit plus de satisfaction que par l'estime dont le Roi l'honoroit, et du côté de ses amis. Il en avoit de choisis, à qui il ouvroit souvent son cœur.

L'amitié qu'ils avoient formée dès le Collége, Chapelle et lui, dura jusqu'au dernier moment. Cependant celui-là n'étoit pas un ami consolant pour Molière, il étoit trop dissipé ; il aimoit véritablement, mais il n'étoit point capable de rendre de ces devoirs empressés qui réveillent l'amitié. Il avoit pourtant un apartement chez Molière à Hauteuil, où il alloit fort souvent ; mais c'étoit plus pour se réjouir, que pour entrer dans le sérieux. C'étoit un de ces génies

supérieurs et réjouissans, que l'on annonçoit six mois avant que de le pouvoir donner pendant un repas. Mais pour être trop à tout le monde, il n'étoit point assez à un véritable ami : de sorte que Molière s'en fit deux plus solides dans la personne de Mrs Rohault et Mignard, qui le dédommageoient de tous les chagrins qu'il avoit d'ailleurs. C'étoit à ces deux Messieurs qu'il se livroit sans réserve. « Ne me plaignez-vous pas, » leur disoit-il un jour, « d'être d'une
» profession, et dans une situation si
» oposées aux sentimens, et à l'humeur
» que j'ai présentement ? J'aime la vie
» tranquile ; et la mienne est agitée par
» une infinité de détails communs et
» turbulens, sur lesquels je n'avois pas
» compté dans les commencemens, et
» ausquels il faut absolument que je me
» donne tout entier malgré moi. Avec
» toutes les précautions, dont un homme
» peut être capable, je n'ai pas laissé de
» tomber dans le désordre où tous ceux
» qui se marient sans réflexion ont acou-

» tumé de tomber. — Oh ! oh ! » dit Mʳ Rohaut. — « Oui, mon cher Monsieur Ro-
» haut, je suis le plus malheureux de tous
» les hommes, » ajouta Molière, « et je
» n'ai que ce que je mérite. Je n'ai pas
» pensé que j'étois trop austère, pour une
» société domestique. J'ai cru que ma
» femme devoit assujétir ses manières à
» sa vertu, et à mes intentions ; et je sens
» bien que dans la situation où elle est,
» elle eût encore été plus malheureuse que
» je ne le suis, si elle l'avoit fait. Elle a
» de l'enjouement, de l'esprit ; elle est
» sensible au plaisir de le faire valoir ;
» tout cela m'ombrage malgré moi. J'y
» trouve à redire, je m'en plains. Cette
» femme cent fois plus raisonnable que
» je ne le suis, veut jouir agréablement
» de la vie ; elle va son chemin : et as-
» surée par son innocence, elle dédaigne
» de s'assujétir aux précautions que je
» lui demande. Je prens cette négligence
» pour du mépris ; je voudrois des mar-
» ques d'amitié pour croire que l'on en
» a pour moi, et que l'on eût plus de

» justesse dans sa conduite pour que
» j'eusse l'esprit tranquille. Mais ma
» femme, toujours égale, et libre dans la
» sienne, qui seroit exempte de tout
» soupçon pour tout autre homme moins
» inquiet que je ne le suis, me laisse im-
» pitoyablement dans mes peines ; et
» ocupée seulement du désir de plaire
» en général, comme toutes les femmes,
» sans avoir de dessein particulier, elle
» rit de ma foiblesse. Encore si je pou-
» vois jouir de mes amis aussi souvent
» que je le souhaiterois pour m'étour-
» dir sur mes chagrins et sur mon
» inquiétude ! Mais vos ocupations indis-
» pensables, et les miennes m'ôtent cette
» satisfaction. » Mr Rohaut étala à Molière toutes les maximes d'une saine Philosophie pour lui faire entendre qu'il avoit tort de s'abandonner à ses déplaisirs.
— « Eh ! » lui répondit Molière, « je
» ne saurois être Philosophe avec une
» femme aussi aimable que la mienne ; et
» peut-être qu'en ma place vous passeriez
» encore de plus mauvais quarts d'heure. »

Chapelle n'entroit pas si intimement dans les plaintes de Molière, il étoit contrariant avec lui, et il s'ocupoit beaucoup plus de l'esprit et de l'enjouement, que du cœur, et des affaires domestiques, quoique ce fût un très-honnête homme. Il aimoit tellement le plaisir qu'il s'en étoit fait une habitude. Mais Molière ne pouvoit plus lui répondre de ce côté-là, à cause de son incommodité. Ainsi quand Chapelle vouloit se réjouir à Hauteuil, il y menoit des Convives pour lui tenir tête ; et il n'y avoit personne qui ne se fît un plaisir de le suivre. Connoître Molière étoit un mérite que l'on chercheoit à se donner avec empressement : d'ailleurs Mr de Chapelle soutenoit sa table avec honneur. Il fit un jour partie avec Mrs de J..., de N..., et de L..., pour aller se réjouir à Hauteuil avec leur ami. « Nous venons souper avec vous, » dirent-ils à Molière. — « J'en aurois », dit-il, « plus de plaisir si je pouvois vous » tenir compagnie ; mais ma santé ne me » le permetant pas, je laisse à M^r de

» Chapelle le soin de vous régaler du
» mieux qu'il pourra. » Ils aimoient
trop Molière pour le contraindre ; mais
ils lui demandèrent du moins Baron.
— « Messieurs, » leur répondit Molière,
« je vous vois en humeur de vous divertir
» toute la nuit; le moïen que cet enfant
» puisse tenir? il en seroit incommodé, je
» vous prie de le laisser. — Oh parbleu, »
dit Mr de L..., « la fête ne seroit pas bonne
» sans lui, et vous nous le donnerez. » Il
fallut l'abandonner : et Molière prit son
lait devant eux, et s'alla coucher.

Les Convives se mirent à table : les
commencemens du repas furent froids :
c'est l'ordinaire entre gens qui savent
ménager le plaisir ; et ces Messieurs ex-
celloient dans cette étude. Mais le vin
eut bien tôt réveillé Chapelle, et le
tourna du côté de la mauvaise humeur.
« Parbleu, » dit-il, « je suis un grand
» fou de venir m'enyvrer ici tous les
» jours, pour faire honneur à Molière;
» je suis bien las de ce train-là : et ce
» qui me fâche c'est qu'il croit que j'y

» suis obligé. » La Troupe presque toute yvre aprouva les plaintes de Chapelle. On continue de boire, et insensiblement on changea de discours. A force de raisonner sur les choses qui font ordinairement la matière de semblables repas entre gens de cette espèce, on tomba sur la morale vers les trois heures du matin. « Que notre vie est peu de chose! » dit Chapelle. « Qu'elle est remplie de
» traverses! Nous sommes à l'affût pen-
» dant trente ou quarante années pour
» jouir d'un moment de plaisir, que
» nous ne trouvons jamais! Notre jeu-
» nesse est harcellée par de maudits pa-
» rents, qui veulent que nous nous me-
» tions un fatras de fariboles dans la
» tête. Je me soucie, morbleu bien, »
ajouta-t-il, « que la terre tourne, ou le so-
» leil, que ce fou de Des-Cartes ait raison,
» ou cet extravagant d'Aristote. J'avois
» pourtant un enragé Précepteur qui
» me rebatoit toujours ces fadaises-là,
» et qui me fesoit sans cesse retomber
» sur son Épicure. Encore passe pour

» ce Philosophe-là, c'étoit celui qui
» avoit le plus de raison. Nous ne som-
» mes pas débarassez de ces fous-là,
» qu'on nous étourdit les oreilles d'un
» établissement. Toutes ces femmes, »
dit-il encore, en haussant la voix, « sont
» des animaux qui sont ennemis jurés
» de notre repos. Oui morbleu, cha-
» grins, injustice, malheurs de tous cô-
» tés dans cette vie-ci ! — Tu as parbleu
» raison, mon cher ami, » répondit J.
en l'embrassant ; « sans ce plaisir-ci que
» ferions-nous ? La vie est un pauvre
» partage ; quittons-la, de peur que l'on
» ne sépare d'aussi bons amis que nous
» le sommes ; allons nous noyer de com-
» pagnie ; la rivière est à notre portée.
» — Cela est vrai, » dit N..., « nous ne
» pouvons jamais mieux prendre notre
» tems pour mourir bons amis, et dans
» la joie ; et notre mort fera du bruit. »
Ainsi ce glorieux dessein fut aprouvé
tout d'une voix. Ces Yvrognes se lèvent,
et vont gayement à la rivière. Baron
courut avertir du monde, et éveiller Mo-

lière, qui fut effrayé de cet extravagant projet, parce qu'il connoissoit le vin de ses amis. Pendant qu'il se levoit, la Troupe avoit gagné la rivière ; et ils s'étoient déjà saisis d'un petit bateau, pour prendre le large, afin de se noyer en plus grande eau. Des Domestiques, et des gens du lieu furent promtement à ces débauchés, qui étoient déjà dans l'eau, et les repêchèrent. Indignés du secours qu'on venoit de leur donner ils mirent l'épée à la main, courent sur leurs ennemis, les poursuivent jusques dans Hauteuil, et les vouloient tuer. Ces pauvres gens se sauvent la plupart chez Molière, qui voyant ce vacarme dit à ces furieux : « Qu'est-ce que c'est donc, » Messieurs, que ces coquins-là vous » ont fait ? — Comment ventrebleu, » dit J..., qui étoit le plus opiniâtré à se noyer, « ces malheureux nous empê- » cheront de nous noyer ? Écoute, mon » cher Molière, tu as de l'esprit, voi si » nous avons tort. Fatigués des peines » de ce monde-ci, nous avons fait des-

» sein de passer en l'autre pour être
» mieux : la rivière nous a paru le plus
» court chemin pour nous y rendre ;
» ces marauds nous l'ont bouché. Pou-
» vons-nous faire moins que de les en pu-
» nir ? — Comment ! vous avez raison, »
répondit Molière. « Sortez d'ici, coquins,
» que je ne vous assomme, » dit-il à ces
pauvres gens, paroissant en colère. « Je
» vous trouve bien hardis de vous opo-
» ser à de si belles actions. » Ils se retirèrent marqués de quelques coups d'épée.

« Comment ! Messieurs, » poursuit
Molière aux débauchés, « que vous ai-je
» fait pour former un si beau projet sans
» m'en faire part ? Quoi, vous voulez
» vous noyer sans moi ? Je vous croyois
» plus de mes amis. — Il a parbleu rai-
» son, » dit Chapelle, « voilà une injustice
» que nous lui faisions. Vien donc te
» noyer avec nous. — Oh ! doucement, »
répondit Molière ; « ce n'est point ici
» une affaire à entreprendre mal à pro-
» pos : c'est la dernière action de notre
» vie, il n'en faut pas manquer le mérite.

» On seroit assez malin pour lui donner
» un mauvais jour, si nous nous noyons
» à l'heure qu'il est : on diroit à coup
» seur que nous l'aurions fait la nuit,
» comme des désespérés, ou comme des
» gens yvres. Saisissons le moment qui
» nous fasse le plus d'honneur, et qui
» réponde à notre conduite. Demain sur
» les huit à neuf heures du matin, bien
» à jeun et devant tout le monde nous
» irons nous jeter la tête devant dans la
» rivière. — J'aprouve fort ses raisons, »
dit N..., « et il n'y a pas le petit mot à
» dire. — Morbleu j'enrage, » dit L...,
» Molière a toujours cent fois plus d'es-
» prit que nous. Voilà qui est fait, reme-
» tons la partie à demain ; et allons nous
» coucher, car je m'endors. » Sans la
présence d'esprit de Molière il seroit
infailliblement arrivé du malheur, tant
ces Messieurs étoient yvres, et animés
contre ceux qui les avoient empêchés
de se noyer. Mais rien ne le désoloit
plus, que d'avoir affaire à de pareilles
gens, et c'étoit cela qui bien souvent le

dégoûtoit de Chapelle ; cependant leur ancienne amitié prenoit toujours le dessus.

Chapelle étoit heureux en semblables avantures. En voici une, où il eut encore besoin de Molière. En revenant d'Hauteuil, à son ordinaire, bien rempli de vin (car il ne voyageoit jamais à jeun), il eut querelle au milieu de la petite prairie d'Hauteuil avec un valet, nommé Godemer, qui le servoit depuis plus de trente ans. Ce vieux domestique avoit l'honneur d'être toujours dans le carosse de son Maître. Il prit phantaisie à Chapelle en descendant d'Hauteuil, de lui faire perdre cette prérogative, et de le faire monter derrière son carosse. Godemer, acoutumé aux caprices que le vin causoit à son Maître, ne se mit pas beaucoup en peine d'exécuter ses ordres. Celui-ci se mit en colère : l'autre se moque de lui. Ils se gourment dans le carosse : le Cocher descend de son siége pour aller les séparer. Godemer en profite pour se jeter hors du carosse. Mais Chapelle irrité le poursuit, et le prend au collet; le Valet se deffend, et le Cocher ne pouvoit les séparer. Heureusement Molière et Baron, qui étoient à leur fenêtre, aperçurent les Combatans : ils crurent que les Domestiques de Chapelle l'assommoient : ils acourent au plus vîte. Baron, comme le plus ingambe, arriva le premier, et fit cesser les coups; mais il fallut Molière pour terminer le différent. « Ah! Molière, » dit Chapelle, « puisque vous voilà, jugez » si j'ai tort. Ce coquin de Godemer » s'est lancé dans mon carosse, comme » si c'étoit à un Valet de figurer avec » moi. — Vous ne savez ce que vous » dites, » répondit Godemer; « Monsieur » sait que je suis en possession du de- » vant de votre carosse depuis plus de » trente ans; pourquoi voulez-vous me » l'ôter aujourd'hui sans raison ? — Vous » êtes un insolent qui perdez le respect, » répliqua Chapelle; « si j'ai voulu vous » permettre de monter dans mon carosse,

» je ne le veux plus ; je suis le Maître,
» et vous irez derrière, ou à pié. — Y
» a-t-il de la justice à cela, » dit Godemer ? « Me faire aller à pié, présente-
» ment que je suis vieux, et que je vous
» ai si bien servi pendant si longtems !
» Il falloit m'y faire aller pendant que
» j'étois jeune, j'avois des jambes alors ;
» mais à présent je ne puis plus mar-
» cher. En un mot comme en cent, »
ajouta ce Valet, « vous m'avez acoutumé
» au carosse, je ne puis plus m'en pas-
» ser; et je serois des-honoré si l'on me
» voïoit aujourd'hui derrière. — Jugez-
» nous, Molière, je vous en prie, » dit
Mʳ de Chapelle, « j'en passerai par tout
» ce que vous voudrez. — Et bien, puis-
» que vous vous en raportez à moi, » dit
Molière, « je vais tâcher de mettre d'a-
» cord deux si honnêtes gens. Vous avez
» tort, » dit-il à Godemer, « de perdre le
» respect envers votre maître, qui peut
» vous faire aller comme il voudra; il ne
» faut pas abuser de sa bonté. Ainsi je
» vous condamne à monter derrière son

» Carrosse jusqu'au bout de la prairie :
» et là vous lui demanderez fort honnê-
» tement la permission d'y rentrer : je
» suis seur qu'il vous la donnera. —
» Parbleu, » s'écria Chapelle, « voilà un
» jugement qui vous fera honneur dans
» le monde. Tenez, Molière, vous n'avez
» jamais donné une marque d'esprit si
» brillante. Oh, bien, » ajouta-t-il, « je
» fais grace entière à ce maraut-là en
» faveur de l'équité avec laquelle vous
» venez de nous juger. Ma foi, Molière, »
dit-il encore, « je vous suis obligé, car
» cette affaire là m'embarassoit; elle
» avoit sa difficulté. A Dieu, mon cher
» ami, tu juges mieux qu'homme de
» France. »

Molière étant seul avec Baron, il prit occasion de lui dire que le mérite de Chapelle étoit effacé quand il se trouvoit dans des situations aussi désagréables que celle où il venoit de le voir : qu'il étoit bien fâcheux qu'une personne qui avoit autant d'esprit que lui, eût si peu de retenue; et qu'il aimeroit beaucoup mieux avoir plus de conduite pour se satisfaire, que tant de brillant pour faire plaisir aux autres. « Je ne vois point, » ajouta Molière, « de passion plus indigne » d'un galand homme que celle du vin : » Chapelle est mon ami, mais ce malheu- » reux panchant m'ôte tous les agrémens » de son amitié. Je n'ose lui rien con- » fier, sans risquer d'être commis un » moment après avec toute la terre. » Ce discours ne tendoit qu'à donner à Baron du dégoût pour la débauche; car il ne laissoit passer aucune occasion de le tourner au bien; mais sur toutes choses il lui recommandoit de ne point sacrifier ses amis, comme fesoit Chapelle, à l'envie de dire un bon mot, qui avoit souvent de mauvaises suites.

Je ne puis m'empêcher de raporter celui qu'il dit à l'occasion d'une Épigramme qu'il avoit faite contre M‍r le M. de ....; c'étoit une espèce de fat constitué en dignité, on sait que la fatuité est de tous les états. Le Marquis offensé se trouvant chez Mr de M. en présence de Chapelle, qu'il savoit être l'Auteur de l'Épigramme, ou du moins il s'en doutoit, menaçoit d'une terrible force le pauvre Auteur, sans le nommer : son emportement ne finissoit point. Le Poëte devoit mourir sous le bâton, ou du moins en avoir tant de coups, qu'il se souviendroit toute sa vie d'avoir versifié. Chapelle, fatigué d'entendre toujours ce fanfaron parler sur ce ton là, se lève, et s'aprochant de M^r de.... « Eh! morbleu, » lui, dit-il, en lui présentant le dos, « si » tu as tant d'envie de donner des coups » de bâton, donne-les, et t'en va. »

On sait que les trois premiers actes de la Comédie du *Tartuffe* de Molière furent représentés à Versailles dès le mois de Mai de l'année 1664, et qu'au mois de Septembre de la même année, ces trois Actes furent joués pour la seconde fois à Villers-Coteretz, avec aplaudissement. La pièce entière parut la première et la seconde fois au Raincy, au mois de

Novembre suivant, et en 1665 ; mais Paris ne l'avoit point encore vue en 1667. Molière sentoit la difficulté de la faire passer dans le public. Il le prévint par des lectures ; mais il n'en lisoit que jusqu'au quatrième acte : de sorte que tout le monde étoit fort embarassé comment il tireroit Orgon de dessous la table. Quand il crut avoir suffisamment préparé les esprits, le 5. d'Aoust 1667, il fait afficher le *Tartuffe*. Mais il n'eut pas été représenté une fois que les gens austères se révoltèrent contre cette pièce. On représenta au Roi qu'il étoit de conséquence que le ridicule de l'Hypocrisie ne parût point sur le Théâtre. Molière, disoit-on, n'étoit pas préposé pour reprendre les personnes qui se couvrent du manteau de la dévotion, pour enfreindre les loix les plus saintes, et pour troubler la tranquilité domestique des familles. Enfin ceux qui représentèrent au Roi, le firent avec de bonnes raisons, puisque Sa Majesté jugea à propos de défendre la représentation du *Tartuffe*.

Cet ordre fut un coup de foudre pour les Comédiens, et pour l'Auteur. Ceux-là attendoient avec justice un gain considérable de cette pièce ; et Molière croyoit donner par cet Ouvrage une dernière main à sa réputation. Il avoit manié le caractère de l'hypocrisie avec des traits si vifs et si délicats, qu'il s'étoit imaginé que bien loin qu'on deût attaquer sa pièce, on luy sauroit gré d'avoir donné de l'horreur pour un vice si odieux. Il le dit lui-même dans sa Préface à la tête de cette pièce : mais il se trompa, et il devoit savoir par sa propre expérience que le public n'est pas docile. Cependant Molière rendit compte au Roi des bonnes intentions qu'il avoit eues en travaillant à cette pièce. De sorte que sa Majesté aïant vu par elle-même qu'il n'y avoit rien dont les personnes de piété et de probité pussent se scandaliser, et qu'au contraire on y combatoit un vice qu'elle a toujours eu soin elle-même de détruire par d'autres voies, elle permit aparemment à Molière de remettre sa pièce sur le théâtre.

Tous les connoisseurs en jugeoient favorablement ; et je raporterai ici une remarque de Mr Ménage, pour justifier ce que j'avance. « La prose de M^r de
» Molière, » dit-il, « vaut beaucoup
» mieux que ses vers. Je lisois hier son
» *Tartufe.* Je lui en avois autrefois en-
» tendu lire trois Actes chez Mr de Mom-
» mor, où se trouvèrent aussi Mr Cha-
» pelain, M^r l'abbé de Marolles, et
» quelques autres personnes. Je dis à
» M^r........., lorsqu'il empêcha qu'on ne
» le jouât, que c'étoit une pièce dont
» la morale étoit excellente, et qu'il n'y
» avoit rien qui ne pût être utile au Pu-
» blic. »

Molière laissa passer quelque temps avant que de hazarder une seconde fois la représentation du *Tartuffe :* et l'on donna pendant ce tems-là *Scaramouche Hermite*, qui passa dans le Public, sans que personne s'en plaignît. « Mais d'où
» vient, » dit-on à M^r le Prince deffunt,
« que l'on n'a rien dit contre cette pièce,

» et que l'on s'est tant récrié contre le
» *Tartuffe?* —C'est, » répondit ce prince,
» que Scaramouche joue le Ciel et la
» Religion, dont ces Messieurs là ne se
» soucient guères, et que Molière joue
» les Hypocrites dans la sienne. »

Molière ne laissoit point languir le Public sans nouveauté ; toujours heureux dans le choix de ses caractères, il avoit travaillé sur celui du Misantrope; il le donna au Public. Mais il sentit dès la première représentation que le peuple de Paris vouloit plus rire qu'admirer ; et que pour vingt personnes qui sont susceptibles de sentir des traits délicats et élevés, il y en a cent qui les rebutent faute de les connoître. Il ne fut pas plustost rentré dans son cabinet qu'il travailla au *Médecin malgré lui,* pour soutenir le *Misantrope,* dont la seconde représentation fut encore plus foible que la première : ce qui l'obligea de se depêcher de fabriquer son fagotier. En quoi il n'eut pas beaucoup de peine,

puisque c'étoit une de ces petites pièces, ou aprochant, que sa troupe avoit représentées sur le champ dans les commencemens ; il n'avoit qu'à transcrire. La troisième représentation du *Misantrope* fut encore moins heureuse que les précédentes. On n'aimoit point tout ce sérieux qui est répandu dans cette pièce. D'ailleurs le Marquis étoit la copie de plusieurs originaux de conséquence, qui décrioient l'ouvrage de toute leur force. « Je n'ai pourtant pu faire mieux, et seu-
» rement je ne ferai pas mieux, » disoit Molière à tout le monde.

Mr de ** crut se faire un mérite auprès de Molière de deffendre le *Misantrope :* il fit une longue lettre qu'il donna à Ribou pour mettre à la tête de cette pièce. Molière qui en fut irrité envoya chercher son Libraire, le gronda de ce qu'il avoit imprimé cette rapsodie sans sa participation, et lui deffendit de vendre aucun exemplaire de sa pièce où elle fût, et il brûla tout ce qui en réstoit ;

mais après sa mort on l'a rimprimée. Mʳ de **. qui aimoit fort à voir la Molière, vint souper chez elle le jour même. Molière le traitta cavalièrement sur le sujet de sa lettre, en lui donnant de bonnes raisons pour souhaiter qu'il ne se fût point avisé de deffendre sa pièce.

A la quatrième représentation du *Misantrope* il donna son fagotier, qui fit bien rire le Bourgeois de la rue St. Denis. On en trouva le *Misantrope* beaucoup meilleur, et insensiblement on le prit pour une des meilleures pièces qui ait jamais paru. Et le *Misantrope* et le *Médecin malgré lui* joints ensemble ramenèrent tout le pêle mêle de Paris, aussi bien que les connoisseurs. Molière s'aplaudissant du succès de son invention, pour forcer le public à lui rendre justice, hazarda d'en tirer une glorieuse vengeance, en fesant jouer le *Misantrope* seul. Il eut un succès très-favorable ; de sorte que l'on ne put lui reprocher que la petite pièce eût fait aller la grande.

Les Hypocrites avoient été tellement irrités par le *Tartuffe*, que l'on fit courir dans Paris un livre terrible que l'on mettoit sur le compte de Molière pour le perdre. C'est à cette occasion qu'il mit dans le *Misantrope* les vers suivans.

> Et non content encor du tort que l'on me fait,
> Il court parmi le monde un livre abominable,
> Et de qui la lecture est même condamnable,
> Un livre à mériter la dernière rigueur,
> Dont le fourbe a l'affront de me faire l'Auteur.
> Et là dessus on voit Oronte qui murmure,
> Et tâche méchamment d'apuyer l'imposture;
> Lui qui d'un honnête homme à la Cour tient le rang...
> Etc... .

On voit par cette remarque, que le *Tartuffe* fut joué avant le *Misantrope*, et avant le *Médecin malgré lui*; et qu'ainsi la date de la première représentation de ces deux dernières pièces, que l'on a mise dans les œuvres de Molière, n'est pas véritable; puisque l'on marque qu'elles ont été jouées dès les mois de Mars et de Juin de l'année 1666.

Molière avoit lu son *Misantrope* à

toute la Cour, avant que de le faire représenter, chacun lui en disoit son sentiment ; mais il ne suivoit que le sien ordinairement, parce qu'il auroit été souvent obligé de refondre ses pièces, s'il avoit suivi tous les avis qu'on lui donnoit. Et d'ailleurs il arrivoit quelquefois que ces avis étoient intéressés : Molière ne traitoit point de caractères, il ne plaçoit aucuns traits, qu'il n'eût des veues fixes. C'est pourquoi il ne voulut point ôter du *Misantrope, ce grand Flandrin qui crachoit dans un puits pour faire des ronds*, que Madame deffunte lui avoit dit de suprimer, lors qu'il eut l'honneur de lire sa pièce à cette Princesse. Elle regardoit cet endroit comme un trait indigne d'un si bon ouvrage : mais Molière avoit son original, il vouloit le mettre sur le Théâtre.

Au mois de Décembre de la même année, il donna au Roi le divertissement des deux premiers actes d'une Pastorale qu'il avoit faite, c'est *Melicerte*. Mais il ne jugea pas à propos avec raison d'en faire le troisième Acte ; ni de faire imprimer les deux premiers, qui n'ont vu le jour qu'après sa mort.

Le *Sicilien* fut trouvé une agréable petite pièce à la Cour, et à la Ville en 1667. Et l'*Amphitryon* passa tout d'une voix au mois de Janvier 1668. Cependant un Savantasse n'en voulut point tenir compte à Molière. « Comment ! » disoit-il, « il
» a tout pris sur Rotrou, et Rotrou sur
» Plaute. Je ne vois pas pourquoi on
» aplaudit à des Plagiaires. C'a toujours
» été », ajoutoit-il, « le caractère de
» Molière. J'ai fait mes études avec lui ;
» et un jour qu'il aporta des vers à son
» Régent, celui-ci reconnut qu'il les avoit
» pillés ; l'autre assura fortement qu'ils
» étoient de sa façon : mais après que le
» Régent lui eut reproché son mensonge,
» et qu'il lui eut dit qu'il les avoit pris
» dans Théophile, Molière le lui avoua,
» et lui dit qu'il les y avoit pris avec
» d'autant plus d'assurance, qu'il ne

» croyoit pas qu'un Jésuite deût lire
» Théophile. Ainsi, » disoit ce Pédant
à son ami, « si l'on examinoit bien les
» ouvrages de Molière, on les trouveroit
» tous pillés de cette force-là. Et même
» quand il ne sait où prendre, il se ré-
» pète sans précaution. » De semblables
Critiques n'empêchèrent pas le cours de
l'*Amphitryon,* que tout Paris vit avec
beaucoup de plaisir, comme un spectacle
bien rendu en notre langue, et à notre
goût.

Après que Molière eut repris avec
succès son *Avare* au mois de Janvier
1668, comme je l'ay déjà dit, il projetta
de donner son *George Dandin.* Mais un
de ses amis lui fit entendre qu'il y avoit
dans le monde un Dandin, qui pourroit
se reconnoître dans sa pièce, et qui étoit
en état par sa famille non-seulement de
la décrier, mais encore de le faire repen-
tir d'y avoir travaillé. — « Vous avez raison, » dit Molière à son ami; « mais je
» sai un seur moyen de me concilier

» l'homme dont vous me parlez ; j'irai
» lui lire ma pièce. » Au spectacle, où il
étoit assidu, Molière lui demanda une
de ses heures perdues pour lui faire une
lecture. L'homme en question se trouva
si fort honoré de ce compliment, que
toutes affaires cessantes, il donna parole
pour le lendemain ; et il courut tout
Paris pour tirer vanité de la lecture de
cette pièce. « Molière », disoit-il à tout
le monde, « me lit ce soir une Comé-
» die : voulez-vous en être ? » Molière
trouva une nombreuse assemblée, et son
homme qui présidoit. La pièce fut trouvée excellente ; et lorsqu'elle fut jouée,
personne ne la fesoit mieux valoir que
celuy dont je viens de parler, et qui
pourtant auroit pu s'en fâcher, une partie des Scènes que Molière avoit traittées
dans sa pièce, étant arrivées à cette personne. Ce secret de faire passer sur le
théâtre un caractère à son original, a
été trouvé si bon, que plusieurs Auteurs
l'ont mis en usage depuis avec succès.
Le *George Dandin* fut donc bien receu

à la Cour au mois de Juillet 1668, et à Paris au mois de Novembre suivant.

Quand Molière vit que les Hypocrites, qui s'étoient si fort offencés de son imposteur, étaient calmés, il se prépara à le faire paroître une seconde fois. Il demanda à sa Troupe, plus par conversation que par intérêt, ce qu'elle lui donneroit, s'il fesoit renaître cette pièce. Les Comédiens voulurent absolument qu'il y eût double part sa vie durant toutes les fois qu'on la joueroit. Ce qui a toujours été depuis très-régulièrement exécuté. On affiche le *Tartuffe* : les Hypocrites se réveillent; ils courent de tous côtez pour aviser aux moyens d'éviter le ridicule que Molière alloit leur donner sur le théâtre malgré les deffences du Roi. Rien ne leur paroissoit plus effronté, rien plus criminel que l'entreprise de cet Auteur : et accoutumés à incommoder tout le monde, et à n'être jamais incommodés, ils portèrent de toutes parts leurs plaintes importunes pour faire réprimer l'insolence de Molière, si son anonce avoit son effet. L'assemblée fut si nombreuse que les personnes les plus distinguées furent heureuses d'avoir place aux troisièmes loges. On allume les lustres. Et l'on étoit prest de commencer la pièce quand il arriva de nouvelles défences de la représenter, de la part des personnes préposées pour faire exécuter les ordres du Roi. Les Comédiens firent aussi-tôt éteindre les lumières, et rendre l'argent à tout le monde. Cette défence étojt judicieuse, parce que le Roi étoit alors en Flandre : et l'on devoit présumer que Sa Majesté aïant deffendu la première fois que l'on jouât cette pièce, Molière vouloit profiter de son absence pour la faire passer. Tout cela ne se fit pourtant pas sans un peu de rumeur, de la part des Spectateurs; et sans beaucoup de chagrin du côté des Comédiens. La permission que Molière disoit avoir de sa Majesté pour jouer sa pièce n'étoit point par écrit; on n'étoit pas obligé de s'en rapporter à lui.

Au contraire, après les premières deffences du Roi, on pouvoit prendre pour une témérité la hardiesse que Molière àvoit eue de remettre le *Tartuffe* sur le théâtre, et peu s'en fallut que cette affaire n'eût encore de plus mauvaises suites pour lui; on le menaçoit de tous côtez. Il en vit dans le moment les conséquences : c'est pourquoi il dépêcha en poste sur le champ la Torellière et la Grange pour aller demander au Roi la protection de Sa Majesté dans une si fâcheuse conjoncture. Les Hypocrites triomphoient; mais leur joie ne dura qu'autant de tems qu'il en fallut aux deux Comédiens pour aporter l'ordre du Roi, qui vouloit qu'on jouât le *Tartuffe*.

Le lecteur jugera bien, sans que je lui en fasse la description, quel plaisir l'ordre du Roi aporta dans la Troupe, et parmi les personnes de spectacle, mais sur tout dans le cœur de Molière, qui se vit justifié de ce qu'il avoit avancé. Si on àvoit connu sa droiture et sa soumission, on auroit été persuadé qu'il ne se seroit point hazardé de représenter le *Tartuffe* une seconde fois, sans en avoir auparavant pris l'ordre de Sa Majesté.

Tout le monde sait qu'après cela cette pièce fut jouée de suite, et qu'elle a toujours été fort aplaudie toutes les fois qu'elle a paru; et les personnes qui ont voulu par passion la critiquer, ont toujours succombé sous les raisons de ceux qui en connoissent le mérite.

Un jour qu'on représentoit cette pièce, Champmêlé, qui n'étoit point encore alors dans la Troupe, fut voir Molière dans sa loge, qui étoit proche du théâtre. Comme ils en étoient aux complimens, Molière s'écria : *Ah chien, ah bourreau!* et se frapoit la tête comme un possédé : Champmêlé crut qu'il tomboit de quelque mal, et il étoit fort embarrassé. Mais Molière, qui s'aperceut de son étonnement, lui dit : « Ne soyez pas surpris de
» mon emportement. Je viens d'entendre
» un Acteur déclamer faussement et pi-
» toyablement quatre vers de ma pièce,

» et je ne saurois voir maltraiter mes en-
» fans de cette force là, sans souffrir
» comme un damné. »

Quelque succès qu'eût le *Tartuffe* pendant qu'on le joua après l'ordre du Roi, cependant *la Femme juge et partie* de Monfleury fut joué autant de fois au moins dans le même tems à l'Hôtel de Bourgogne. Ainsi ce n'est pas toujours le mérite d'une pièce qui la fait réussir ; un Acteur que l'on aime à voir, une situation, une scène heureusement traitée, un travestissement, des pensées piquantes, peuvent entraîner au spectacle, sans que la pièce soit bonne.

La bonté que le Roi eut de permettre que le *Tartuffe* fût représenté, donna un nouveau mérite à Molière. On vouloit même que cette grace fût personnelle. Mais Sa Majesté qui savoit par elle-même que l'hypocrisie étoit vivement combatue dans cette pièce, fut bien aise que ce vice, si oposé à ses sentimens, fût ataqué avec autant de force que Molière le combatoit. Tout le monde lui fit compliment sur ce succès; ses ennemis même lui en témoignèrent de la joie, et étoient les premiers à dire que le *Tartuffe* étoit de ces pièces excellentes qui mettoient la vertu dans son jour. « Cela est vrai, » disoit Molière; « mais « je trouve qu'il est très-dangereux de « prendre ses interests au prix qui m'en « coûte. Je me suis repenti plus d'une « fois de l'avoir fait. »

. Quoique Molière donnât à ses pièces beaucoup de mérite du côté de la composition, cependant elles étoient représentées avec un jeu si délicat, que quand elles auroient été médiocres elles auroient passé. Sa troupe étoit bien composée; et il ne confioit point ses rolles à des Acteurs qui ne seussent pas les exécuter, il ne les plaçoit point à l'avanture, comme on fait aujourd'hui. D'ailleurs il prenoit toujours les plus difficiles pour lui. Ce n'est pas qu'il eût universellement l'éloquence du corps en partage, comme Baron. Au contraire dans les commencemens, même dans la Province, il paroissoit mauvais Comédien à bien des gens; peut-être à cause d'un hoquet ou tic de gorge qu'il avoit, et qui rendoit d'abord son jeu désagréable à ceux qui ne le connoissoient pas. Mais pour peu que l'on fît atention à la délicatesse avec laquelle il entroit dans un caractère, et il exprimoit un sentiment, on convenoit qu'il entendoit parfaitement l'art de la déclamation. Il avoit contracté par habitude le hoquet dont je viens de parler. Dans les commencemens qu'il monta sur le théâtre, il reconnut qu'il avoit une volubilité de langue, dont il n'étoit pas le maître, et qui rendoit son jeu désagréable. Et des efforts qu'il se fesoit pour se retenir dans la prononciation, il s'en forma un hoquet, qui lui demeura jusques à la fin. Mais il sauvoit ce désagrément par toute la finesse avec laquelle on peut représenter. Il ne manquoit aucun des accens et des gestes nécessaires pour toucher le spectateur. Il ne déclamoit point au hasard, comme ceux qui destitués des principes de la déclamation, ne sont point assurés dans leur jeu : il entroit dans tous les détails de l'action. Mais s'il revenoit aujourd'hui, il ne reconnoitroit pas ses ouvrages dans la bouche de ceux qui les représentent.

Il est vrai que Molière n'étoit bon que pour représenter le Comique; il ne pouvoit entrer dans le sérieux, et plusieurs personnes assurent qu'aïant voulu le tenter, il réussit si mal la première fois qu'il parut sur le théâtre, qu'on ne le laissa pas achever. Depuis ce tems-là, dit on, il ne s'atacha qu'au Comique, où il avoit toujours du succès, quoique les gens délicats l'acusassent d'être un peu grimacier. Mais si ces personnes là le lui avoient reproché à lui-même, je ne sais s'il n'auroit pas eu raison de leur répondre que le commun du Public aime les charges, et que le jeu délicat ne l'affecte point.

Molière n'étoit point un homme qu'on pût oublier par l'absence. Mr Bernier ne fut pas plutôt de retour de son voyage du Mogol qu'il fut le voir à Hauteuil. Après les premiers complimens d'amitié, celui-là commença la conversation par la relation. Il fit d'abord observer à Molière que l'on n'en usoit point avec l'Empereur du Mogol détrôné, et avec ses enfans, aussi inhumainement qu'on le fait en Turquie. « On se contente, » dit-il, » de leur donner une drogue, que l'on » nomme du Pouss, pour leur faire per- » dre l'esprit, afin qu'ils soient hors » d'état de former un parti. — Aparem- » ment, » dit Baron, que cette conversation ennuyoit fort, « ces gens-là vous » ont fait prendre du Pouss avant que de » revenir. —Taisez vous, jeune homme, » dit Molière, « vous ne connoissez pas » Mr Bernier, et vous ne savez pas que » c'est mon ami; peu s'en faut que je ne

» prenne sérieusement votre impru-
» dence. — Comment! » répliqua Baron,
qui s'étoit donné toute liberté de parler
devant Molière, «vous êtes si bons amis,
» et Monsieur après une si longue ab-
» sence n'a à la première vue que des
» contes à vous dire ? » Le Philosophe
touché de cette leçon, qui étoit en sa
place, se mit sur les sentimens; Molière
n'en fut pas fâché : car plus homme de
Cour que Bernier, et plus ocupé de ses
affaires que de celles du grand Mogol,
la relation ne lui fesoit pas beaucoup de
plaisir. On parla de santé. Molière rendit compte du mauvais état de la sienne
à Bernier, qui, au lieu de lui répondre,
lui dit qu'il avoit conduit heureusement
celle du premier Ministre du Grand Mogol : qu'il n'avoit point voulu être Médecin de l'Empereur lui-même, parce que
quand il meurt on enterre aussi le Médecin avec lui. A la fin ne sachant plus que
dire sur le Mogol, il offrit ses soins à
Molière. « Oh ! Monsieur, » dit Baron,
« Mr de Molière est en de bonnes mains.

» Depuis que le Roi a eu la bonté de
» donner un Canonicat au fils de son
» Médecin, il fait des merveilles ; et il
» tiendra Monsieur long-tems en état de
» divertir Sa Majesté. Les Médecins du
» Mogol ne s'acommodent point avec
» notre santé. Et à moins que de con-
» venir que l'on vous enterrera avec
» Monsieur, je ne lui conseille pas de
» vous confier la sienne. » Bernier vit
bien que Baron étoit un enfant gâté ; il
mit la conversation sur son chapitre.
Molière, qui en parloit avec plaisir, en
commença l'histoire ; mais Baron, rebuté
de l'entendre, alla chercher à s'amuser
ailleurs.

Molière n'étoit pas seulement bon Acteur et excellent Auteur, il avoit toujours soin de cultiver la Philosophie.
Chapelle et lui ne se passoient rien sur
cet article-là. Celui-là pour Gassendi ;
celui-ci pour Des-Cartes. En revenant
d'Hauteuil un jour dans le bateau de
Molière, ils ne furent pas longtems sans

faire naître une dispute. Ils prirent un sujet grave pour se faire valoir devant un Minime qu'ils trouvèrent dans leur bateau, et qui s'y étoit mis pour gagner les Bons-Hommes. « J'en fais Juge le bon » Père, » dit Molière, « si le Système de » Descartes n'est pas cent fois mieux » imaginé, que tout ce que Mr de Gas- » sendi nous a ajusté au Théâtre, pour » nous faire passer les rêveries d'Épicure. » Passe pour sa morale ; mais le reste ne » vaut pas la peine que l'on y fasse aten- » tion. N'est-il pas vrai, mon Père ? » ajouta Molière, au Minime. Le Religieux répondit par un *hom! hom!* qui fesoit entendre aux Philosophes qu'il étoit connoisseur dans cette matière ; mais il eut la prudence de ne se point mêler dans une conversation si échauffée, sur tout avec des gens qui ne paroissoient pas ménager leur adversaire. — « Oh ! parbleu, mon Père, » dit Chapelle, qui se crut affoibli par l'aparente aprobation du Minime, « il faut que Molière con- » vienne que Des-Cartes n'a formé son

» Système que comme un Méchanicien,
» qui imagine une belle machine sans
» faire atention à l'exécution : le Sys-
» tème de ce Philosophe est contraire à
» une infinité de Phénomènes de la na-
» ture, que le bon homme n'avoit pas
» prévus. » Le Minime sembla se ranger
du côté de Chapelle par un second *hom!
hom!* Molière, outré de ce qu'il triomphoit, redouble ses efforts avec une cha-
leur de Philosophe, pour détruire Gassendi par de si bonnes raisons, que le
Religieux fut obligé de s'y rendre par un
troisième *hom! hom!* obligeant, qui
sembloit décider la question en sa faveur.
Chapelle s'échauffe, et criant du haut de
la tête pour convertir son Juge, il ébranla
son équité par la force de son raisonne-
ment. « Je conviens que c'est l'homme
» du monde qui a le mieux rêvé, » ajouta
Chapelle; « mais morbleu! il a pillé ses
» rêveries par tout, et cela n'est pas bien.
» N'est-il pas vrai, mon Père? » dit-il au
Minime. Le Moine, qui convenoit de
tout obligeamment, donna aussi-tost un

signe d'aprobation, sans proférer une seule parole. Molière, sans songer qu'il étoit au lait, saisit avec fureur le moment de rétorquer les argumens de Chapelle. Les deux Philosophes en étoient aux convulsions, et presque aux invectives d'une dispute Philosophique quand ils arrivèrent devant les Bons Hommes. Le Religieux les pria qu'on le mît à terre. Il les remercia gracieusement, et aplaudit fort à leur profond savoir sans intéresser son mérite. Mais avant que de sortir du bateau, il alla prendre sous les piés du batelier sa besace, qu'il y avoit mise en entrant. C'étoit un Frère-lay, les deux Philosophes n'avoient point vu son enseigne; et honteux d'avoir perdu le fruit de leur dispute devant un homme qui n'y entendoit rien, ils se regardèrent l'un l'autre sans se rien dire. Molière, revenu de son abatement, dit à Baron, qui étoit de la compagnie, mais d'un âge à négliger une pareille conversation : « Voyez, petit garçon, ce que fait le si-
» lence, quand il est observé avec con-

» duite. — Voilà comme vous faites tou-
» jours, Molière, » dit Chapelle, « vous
» me commettez sans cesse avec des ânes
» qui ne peuvent savoir si j'ai raison. Il
» y a une heure que j'use mes poulmons,
» et je n'en suis pas plus avancé. »

Chapelle reprochoit toujours à Molière
son humeur rêveuse ; il vouloit qu'il fût
d'une société aussi agréable que la sienne ;
il le vouloit en tout assujettir à son caractère ; et que sans s'embarasser de rien
il fût toujours préparé à la joie. « Oh !
» Monsieur, » lui répondit Molière, « vous
» êtes bien plaisant. Il vous est aisé de
» vous faire ce système de vivre ; vous
» êtes isolé de tout ; et vous pouvez penser
» quinze jours durant à un bon mot, sans
» que personne vous trouble, et aller
» après, toujours chaud de vin, le débiter
» par tout aux dépens de vos amis ; vous
» n'avez que cela à faire. Mais si vous
» étiez, comme moi, occupé de plaire au
» Roi, et si vous aviez quarante ou cin-
» quante personnes, qui n'entendent point

» raison, à faire vivre, et à conduire ; un
» théâtre à soutenir ; et des ouvrages à
» faire pour ménager votre réputation,
» vous n'auriez pas envie de rire, sur ma
» parole ; et vous n'auriez point tant d'a-
» tention à votre bel esprit, et à vos bons
» mots, qui ne laissent pas de vous faire
» bien des ennemis, croyez moi. — Mon
» pauvre Molière, » répondit Chapelle,
« tous ces ennemis seront mes amis dès
» que je voudrai les estimer, parce que
» je suis d'humeur, et en état de ne les
» point craindre. Et si j'avois des ouvrages
» à faire, j'y travaillerois avec tranquilité,
» et peut-être seroient-ils moins remplis
» que les vôtres de choses basses et tri-
» viales ; car vous avez beau faire, vous ne
» sauriez quiter le goût de la farce. — Si
» je travaillois pour l'honneur, » répondit
Molière, « mes ouvrages seroient tournez
» tout autrement : mais il faut que je
» parle à une foule de peuple, et à peu de
» gens d'esprit pour soutenir ma Troupe ;
» ces gens-là ne s'accomoderoient nulle-
» ment de votre élévation dans le stile,

» et dans les sentimens. Et vous l'avez
» vu, vous même : quand j'ai hazardé
» quelque chose d'un peu passable, avec
» quelle peine il m'a fallu en arracher le
» succès ! Je suis seur que vous qui me
» blâmez aujourd'hui, vous me louerez
» quand je serai mort. Mais vous qui faites
» si fort l'habile homme, et qui passez, à
» cause de votre bel esprit, pour avoir
» beaucoup de part à mes pièces, je vou-
» drois bien vous voir à l'ouvrage. Je tra-
» vaille présentement sur un caractère,
» où j'ai besoin de telles scènes ; faites-les
» vous m'obligerez, et je me ferai hon-
» neur d'avouer un secours comme le
» vôtre. » Chapelle accepta le défi : mais
lors qu'il aporta son ouvrage à Molière,
celui-cy après la première lecture le rendit à Chapelle ; il n'y avoit aucun goût
de théâtre ; rien n'y étoit dans la nature ;
c'étoit plustost un recueil de bon mots
sans place, que des scènes suivies. Cet
ouvrage de Mr de Chapelle ne seroit-il
point l'original du *Tartuffe,* qu'une famille de Paris, jalouse avec justice de

la réputation de Chapelle, se vante de posséder écrit, et raturé de sa main? Mais à en venir à l'examen, on y trouveroit seurement de la différence avec celui de Molière.

Voici un éclaircissement très-singulier que Molière essuya avec un de ces Courtisans qui marquent par la singularité. Celui-cy sur le raport de quelqu'un, qui vouloit aparemment se moquer de lui. fut trouver l'autre en grand Seigneur. « Il m'est revenu, Monsieur de Molière, » dit-il avec hauteur dès la porte, « qu'il » vous prend phantaisie de m'ajuster au » Théâtre, sous le titre d'Extravagant ; » seroit-il bien vray ? — Moi, Mon- » sieur! » lui répondit Molière, « je n'ai » jamais eu dessein de travailler sur ce » caractère : j'ataquerois trop de monde. » Mais si j'avois à le faire, je vous avoue, » Monsieur, que je ne pourrois mieux » faire que de prendre dans votre per- » sonne le contraste que j'ai acoutumé » de donner au ridicule, pour le faire

» sentir davantage. — Ah! je suis bien
» aise que vous me connoissiez un peu, »
lui dit le Comte; « et j'étois étonné que
» vous m'eussiez si mal observé. Je ve-
» nois arrêter votre travail; car je ne
» crois pas que vous eussiez passé outre.
» — Mais, Monsieur, » lui repartit Molière, « qu'aviez-vous à craindre? Vous
» eût-on reconnu dans un caractère si
» oposé au vôtre?— Tubleu, » répondit
le Comte, « il ne faut qu'un geste qui me
» ressemble pour me désigner, et c'en se-
» roit assez pour amener tout Paris à vo-
» tre pièce : je sais l'atention que l'on a
» sur moi. — Non, Monsieur, » dit Molière; « le respect que je dois à une per-
» sonne de votre rang, doit vous être
» garand de mon silence. — Ah! bon, »
répondit le Comte, « je suis bien aise que
» vous soyez de mes amis; je vous estime
» de tout mon cœur, et je vous ferai
» plaisir dans les occasions. Je vous prie, »
ajouta-t-il, « mettez-moi en contraste
» dans quelque pièce; je vous donnerai
» un mémoire de mes bons endroits. —

» Ils se présentent à la première vue, » lui répliqua Molière ; « mais pourquoi » voulez-vous faire briller vos vertus sur » le Théâtre ? Elles paroissent assez dans » le monde, personne ne vous ignore. — » Cela est vrai, » répondit le Comte ; « mais je serois ravi que vous les rapro-» chassiez toutes dans leur point de vue ; » on parleroit encore plus de moi. Écou-» tez, » ajouta-t-il, « je tranche fort avec » N..., mettez-nous ensemble, cela fera » une bonne pièce. Quel titre luy donne-» riez-vous ? — Mais je ne pourrois, » lui dit Molière, « lui en donner d'autre que » celui d'*Extravagant*. — Il seroit excel-» lent, par ma foi, » lui repartit le Comte, « car le pauvre homme n'extravague pas » mal. Faites cela, je vous en prie ; je » vous verrai souvent pour suivre votre » travail. A Dieu, Monsieur de Molière, » songez à notre pièce, il me tarde qu'elle » ne paroisse. » La fatuité de ce Courtisan mit Molière de mauvaise humeur, au lieu de le réjouir ; et il ne perdit pas l'idée de le mettre bien sérieuse-

11.

ment au Théâtre ; mais il n'en a pas eu le tems.

Molière trouva mieux son compte dans la Scène suivante, que dans celle du Courtisan ; il se mit dans le vrai à son aise, et donna des marques désintéressées d'une parfaite sincérité ; c'étoit où il triomphoit. Un jeune homme de vingt-deux ans, beau et bien fait, le vint trouver un jour ; et après les complimens lui découvrit qu'étant né avec toutes les dispositions nécessaires pour le Théâtre, il n'avoit point de passion plus forte, que celle de s'y attacher ; qu'il venoit le prier de lui en procurer les moyens, et lui faire connoître que ce qu'il avançoit étoit véritable. Il déclama quelques Scènes détachées, sérieuses et comiques devant Molière, qui fut surpris de l'art avec lequel ce jeune homme fesoit sentir les endroits touchans. Il sembloit qu'il eût travaillé vingt années, tant il étoit assuré dans ses tons ; ses gestes étoient ménagés avec esprit : de sorte que Molière vit bien que ce jeune homme avoit été élevé avec soin. Il lui demanda comment il avoit apris la déclamation. — « J'ai toujours « eu inclination de paroître en public, » lui dit-il, « les Régens sous qui j'ai étu- » dié ont cultivé les dispositions que j'ai » aportées en naissant; j'ai tâché d'apli- » quer les règles à l'exécution; et je me » suis fortifié en allant souvent à la Co- » médie. — Et avez-vous du bien ? » lui dit Molière. — « Mon père est un Avocat » assez à son aise, » lui répondit le jeune homme. — « Eh bien, » lui répliqua Mo- lière, « je vous conseille de prendre sa » profession; la nôtre ne vous convient » point; c'est la dernière ressource de » ceux qui ne sauroient mieux faire, ou » des Libertins, qui veulent se soustraire » au travail. D'ailleurs, c'est enfoncer le » poignard dans le cœur de vos parens, » que de monter sur le Théâtre; vous en » savez les raisons, je me suis toujours » reproché d'avoir donné ce déplaisir à » ma famille. Et je vous avoue que si » c'étoit à recommencer, je ne choisirois

» jamais cette profession. Vous croyez,
» peut-estre, » ajouta-t-il, « qu'elle a ses
» agrémens; vous vous trompez. Il est
» vrai que nous sommes en aparence
» recherchés des grands Seigneurs, mais
» ils nous assujettissent à leurs plaisirs ;
» et c'est la plus triste de toutes les situa-
» tions, que d'être l'esclave de leur phan-
» taisie. Le reste du monde nous regarde
» comme des gens perdus, et nous mé-
» prise. Ainsi, Monsieur, quittez un des-
» sein si contraire à votre honneur et à
» votre repos. Si vous étiez dans le besoin,
» je pourrois vous rendre mes services,
» mais je ne vous le cèle point, je vous
» serois plutôt un obstacle. » Le jeune
homme donnoit quelques raisons pour
persister dans sa résolution, quand Chapelle entra, un peu pris de vin; Molière
lui fit entendre réciter ce jeune homme.
Chapelle en fut aussi étonné que son
ami. « Ce sera là, » dit-il, « un excellent
» Comédien ! — On ne vous consulte pas
» sur cela, » répond Molière à Chapelle.
» Représentez-vous, » ajouta-t-il au jeune

homme, « la peine que nous avons. In-
» commodez, ou non, il faut être prêts à
» marcher au premier ordre, et à donner
» du plaisir quand nous sommes bien
» souvent acablés de chagrin ; à souffrir
» la rusticité de la pluspart des gens avec
» qui nous avons à vivre, et à captiver
» les bonnes graces d'un public, qui est
» en droit de nous gourmander pour l'ar-
» gent qu'il nous donne. Non, Monsieur,
» croyez moi encore une fois, » dit-il au
jeune homme, « ne vous abandonnez
» point au dessein que vous avez pris ;
» faites vous Avocat, je vous répons du
» succès. — Avocat ! » dit Chapelle, « et
» fy ! il a trop de mérite pour brailler à
» un barreau : et c'est un vol qu'il fait au
» public s'il ne se fait Prédicateur, ou
» Comédien. — En vérité, » lui répond
Molière, « il faut que vous soyez bien
» yvre pour parler de la sorte, et vous
» avez mauvaise grace de plaisanter sur
» une affaire aussi sérieuse que celle-cy,
» où il est question de l'honneur et de
» l'établissement de Monsieur. — Ah !

» puisque nous sommes sur le sérieux, » répliqua Chapelle, « je vais le prendre » tout de bon. Aimez vous le plaisir ? » dit-il au jeune homme. — « Je ne serai pas » fâché de jouir de celui qui peut m'être » permis, » répondit le fils de l'Avocat. — » Eh bien donc, » répliqua Chapelle, « mettez-vous dans la tête que malgré » tout ce que Molière vous a dit, vous en » aurez plus en six mois de Théâtre qu'en » six années de barreau. » Molière, qui n'avoit en vue que de convertir le jeune homme, redoubla ses raisons pour le faire; et enfin il réussit à lui faire perdre la pensée de se mettre à la Comédie. — « Oh! voilà mon Harangueur qui triom- » phe, » s'écria Chapelle, « mais morbleu » vous répondrez du peu de succès que » Monsieur fera dans le parti que vous » lui faites embrasser. »

Chapelle avoit de la sincérité, mais souvent elle étoit fondée sur de faux principes, d'où on ne pouvoit le faire revenir ; et quoiqu'il n'eût point envie d'offencer personne, il ne pouvoit résister au plaisir de dire sa pensée, et de faire valoir un bon mot au dépens de ses amis. Un jour qu'il dînoit en nombreuse compagnie avec Mᵣ le Marquis de M***, dont le Page, pour tout domestique, servoit à boire, il souffroit de n'en point avoir aussi souvent que l'on avoit acoutumé de lui en donner ailleurs ; la patience lui échappa à la fin. « Eh ! je vous » prie, Marquis, » dit-il à Mᵣ de M***, » donnez-nous la monnoie de votre » Page. »

Chapelle se seroit fait un scrupule de refuser une partie de plaisir, il se livroit au premier venu sur cet article-là. Il ne falloit pas être son ami pour l'engager dans ces repas qui percent jusques à l'extrémité de la nuit : il suffisoit de le connoître légèrement. Molière étoit désolé d'avoir un ami si agréable et si honnête homme, attaqué de ce deffaut ; il lui en fesoit souvent des reproches, et Mᵣ de Chapelle lui prometoit toujours mer-

veilles, sans rien tenir. Molière n'étoit pas le seul de ses amis, à qui sa conduite fît de la peine. M^r des P*** le rencontrant un jour au Palais lui en parla à cœur ouvert. « Est-il possible, » lui dit-il, « que vous ne reviendrez point de cette
» fatigante crapule qui vous tuera à la
» fin ? Encore si c'étoit toujours avec les
» mêmes personnes, vous pourriez espé-
» rer de la bonté de votre tempérament
» de tenir bon aussi longtems qu'eux.
» Mais quand une Troupe s'est outrée
» avec vous, elle s'écarte ; les uns vont à
» l'armée, les autres à la campagne, où
» ils se reposent ; et pendant ce temps-là
» une autre compagnie les relève ; de
» manière que vous êtes nuit et jour à
» l'atelier. Croyez-vous de bonne foi
» pouvoir être toujours le Plastron de
» ces gens-là sans succomber ? D'ailleurs
» vous êtes tout agréable, » ajouta M^r des P***. « Faut-il prodiguer cet agrément
» indifféremment à tout le monde ? Vos
» amis ne vous ont plus d'obligation,
» quand vous leur donnez de votre tems

» pour se réjouir avec vous ; puisque
» vous prenez le plaisir avec le premier
» venu qui vous le propose, comme avec
» le meilleur de vos amis. Je pourrois
» vous dire encore que la Religion, vo-
» tre réputation même, devroient vous
» arrêter, et vous faire faire de sérieuses
» réflexions sur votre dérangement. —
» Ah ! voilà qui est fait, mon cher ami,
» je vais entièrement me mettre en rè-
» gle, » répondit Chapelle, la larme à
l'œil, tant il étoit touché ; « je suis charmé
» de vos raisons, elles sont excellentes,
» et je me fais un plaisir de les entendre ;
» redites-les moi, je vous en conjure,
» afin qu'elles me fassent plus d'impres-
» sion. Mais, » dit-il, « je vous écoute-
» rai plus commodément dans le cabaret
» qui est ici proche, entrons y, mon cher
» ami, et me faites bien entendre raison,
» je veux revenir de tout cela. » Mʳ des
P***, qui croyoit être au moment de
convertir Chapelle, le suit ; et en buvant
un coup de bon vin, lui étale une seconde fois sa Rhétorique ; mais le vin

venoit toujours, de manière que ces Messieurs, l'un en prêchant, et l'autre en écoutant, s'enyvrèrent si bien, qu'il fallut les reporter chez eux.

Si Chapelle étoit incommode à ses amis par son indifférence, Molière ne l'était pas moins dans son domestique par son exactitude et par son arangement. Il n'y avoit personne, quelque attention qu'il eût, qui y pût répondre : une fenêtre ouverte ou fermée un moment devant ou après le tems qu'il l'avoit ordonné metoit Molière en convulsion ; il étoit petit dans ces ocasions. Si on lui avoit dérangé un livre, c'en étoit assez pour qu'il ne travaillât de quinze jours : il y avoit peu de domestiques qu'il ne trouvât en deffaut ; et la vieille servante la Forest y étoit prise aussi souvent que les autres, quoiqu'elle dût être acoutumée à cette fatigante régularité que Molière exigeoit de tout le monde. Et même il étoit prévenu que c'étoit une vertu ; de sorte que celui de ses amis qui étoit le plus régulier, et le plus arangé, étoit celui qu'il estimoit le plus.

Il étoit très-sensible au bien qu'il pouvoit faire dire de tout ce qui le regardoit : ainsi il ne négligeoit aucune ocasion de tirer avantage dans les choses communes, comme dans le sérieux, et il n'épargnoit pas la dépense pour se satisfaire ; d'autant plus qu'il étoit naturellement très-libéral. Et l'on a toujours remarqué qu'il donnoit aux pauvres avec plaisir, et qu'il ne leur fesoit jamais des aumônes ordinaires.

Il n'aimoit point le jeu ; mais il avoit assez de penchant pour le sexe ; la de... l'amusoit quand il ne travailloit pas. Un de ses amis, qui étoit surpris qu'un homme aussi délicat que Molière eût si mal placé son inclination, voulut le dégoûter de cette Comédienne. « Est-ce la » vertu, la beauté, ou l'esprit, » lui dit-il, « qui vous font aimer cette femme-là ? » Vous savez que la Barre, et Florimont » sont de ses amis ; qu'elle n'est point

» belle, que c'est un vrai squelette ; et
» qu'elle n'a pas le sens commun. — Je
» sais tout cela, Monsieur », lui répondit Molière ; « mais je suis acoutumé à
» ses deffauts ; et il faudroit que je prisse
» trop sur moi, pour m'acommoder aux
» imperfections d'une autre ; je n'en ai
» ni le tems, ni la patience. » Peut-être
aussi qu'une autre n'auroit pas voulu de
l'atachement de Molière ; il traitoit l'engagement avec négligence, et ses assiduités n'étoient pas trop fatigantes pour
une femme : en huit jours une petite
conversation, c'en étoit assez pour lui,
sans qu'il se mît en peine d'être aimé,
excepté de sa femme, dont il auroit
acheté la tendresse pour toute chose au
monde. Mais aïant été malheureux de
ce côté-là, il avoit la prudence de n'en
parler jamais qu'à ses amis ; encore falloit-il qu'il y fût indispensablement
obligé.

C'étoit l'homme du monde qui se fesoit le plus servir ; il falloit l'habiller comme un Grand Seigneur, et il n'auroit pas arangé les plis de sa cravate. Il avoit un valet, dont je n'ai pu savoir ny le nom, ny la famille, ny le pays; mais je sais que c'estoit un domestique assez épais, et qu'il avoit soin d'habiller Molière. Un matin qu'il le chaussoit à Chambord, il mit un de ses bas à l'envers. « Un tel, » dit gravement Molière, « ce bas est à l'envers. » Aussi-tost ce valet le prend par le haut, et en dépouillant la jambe de son maître met ce bas à l'endroit. Mais comptant ce changement pour rien, il enfonce son bras dedans, le retourne pour chercher l'endroit, et l'envers revenu dessus, il rechausse Molière. « Un tel, » lui dit-il encore froidement, « ce bas est à l'envers. » Le stupide domestique, qui le vit avec surprise, reprend le bas, et fait le même exercice que la première fois; et s'imaginant avoir réparé son peu d'intelligence, et avoir donné seurement à ce bas le sens où il devoit être, il chausse son maître avec confiance : mais ce maudit envers se trouvant toujours dessus, la patience échapa à Molière. « Oh, par-» bleu ! c'en est trop, » dit-il, en lui donnant un coup de pied qui le fit tomber à la renverse : « ce maraud là me chaus-» sera éternellement à l'envers; ce ne » sera jamais qu'un sot, quelque métier » qu'il fasse. — Vous êtes Philosophe ! » vous estes plustost le Diable, » lui répondit ce pauvre garçon, qui fut plus de vingt-quatre heures à comprendre comment ce malheureux bas se trouvoit toujours à l'envers.

On dit que le *Pourceaugnac* fut fait à l'ocasion d'un Gentilhomme Limousin, qui un jour de spectacle, et dans une querelle qu'il eut sur le théâtre avec les Comédiens, étala une partie du ridicule dont il étoit chargé. Il ne le porta pas loin; Molière pour se venger de ce Campagnard, le mit en son jour sur le Théâtre; et en fit un divertissement au goût du Peuple, qui se réjouit fort à cette pièce, laquelle fut jouée à Chambord au mois de Septembre de l'année 1669, et à Paris un mois après.

Le Roi s'estant proposé de donner un divertissement à sa Cour au mois de Février de l'année 1670, Molière eut ordre d'y travailler. Il fit les *Amans magnifiques* qui firent beaucoup de plaisir au Courtisan, qui est toujours touché par ces sortes de spectacles.

Molière travailloit toujours d'après la nature, pour travailler plus seurement. Mʳ Rohaut, quoique son ami, fut son modèle pour le Philosophe du *Bourgeois Gentilhomme;* et afin d'en rendre la représentation plus heureuse, Molière fit dessein d'emprunter un vieux chapeau de Mʳ Rohaut, pour le donner à du Croisy, qui devoit représenter ce personnage dans la pièce. Il envoya Baron chez Mʳ Rohaut pour le prier de lui prêter ce chapeau, qui étoit d'une si singulière figure qu'il n'avoit pas son pareil. Mais Molière fut refusé, parce que

Baron n'eut pas la prudence de cacher au Philosophe l'usage qu'on vouloit faire de son chapeau. Cette atention de Molière dans une bagatelle fait connoître celle qu'il avoit à rendre ses représentations heureuses. Il savoit que quelque recherche qu'il pût faire il ne trouveroit point un chapeau aussi philosophe que celui de son ami, qui auroit cru être déshonoré si sa coëffure avoit paru sur la Scène.

Cette inquiétude de Molière sur tout ce qui pouvoit contribuer au succès de ses pièces, causa de la mortification à sa femme à la première représentation du *Tartuffe*. Comme cette pièce promettoit beaucoup, elle voulut y briller par l'ajustement; elle se fit faire un habit magnifique, sans en rien dire à son mari, et du tems à l'avance elle étoit occupée du plaisir de le mettre. Molière alla dans sa loge une demi-heure avant qu'on commençât la pièce. « Comment donc, Mademoiselle, » dit-il en la voyant si parée, « que voulez vous dire avec cet ajuste-

» ment? ne savez vous pas que vous êtes
» incommodée dans la pièce ? Et vous
» voilà éveillée et ornée comme si vous
» alliez à une fête! déshabillez vous vîte,
» et prenez un habit convenable à la
» situation où vous devez être. » Peu
s'en fallut que la Molière ne voulût pas
jouer, tant elle étoit désolée de ne pouvoir faire parade d'un habit, qui lui
tenoit plus au cœur que la pièce.

Le *Bourgeois Gentilhomme* fut joué
pour la première fois à Chambord au
mois d'Octobre 1670. Jamais pièce n'a
été plus malheureusement reçue que
celle là ; et aucune de celles de Molière
ne lui a donné tant de déplaisir. Le Roi
ne lui en dit pas un mot à son souper :
et tous les Courtisans la mettoient en
morceaux. « Molière nous prend assuré-
» ment pour des Grues de croire nous
» divertir avec de telles pauvretez, »
disoit M[r] le Duc de*** « Qu'est-ce qu'il
» veut dire avec son halaba, balachou? »
ajoutoit M[r] le Duc de***; « le pauvre

» homme extravague : il est épuisé; si » quelqu'autre Auteur ne prend le » théâtre, il va tomber : cet homme là » donne dans la farce Italienne. » Il se passa cinq jours avant que l'on représentât cette pièce pour la seconde fois; et pendant ces cinq jours, Molière, tout mortifié, se tint caché dans sa chambre. Il apréhendoit le mauvais compliment du Courtisan prévenu. Il envoyoit seulement Baron à la découverte, qui lui raportoit toujours de mauvaises nouvelles. Toute la Cour étoit révoltée.

Cependant on joua cette pièce pour la seconde fois. Après la représentation, le Roi, qui n'avoit point encore porté son jugement, eut la bonté de dire à Molière : » Je ne vous ai point parlé de votre » pièce à la première représentation, » parce que j'ai apréhendé d'être séduit » par la manière dont elle avoit été re- ». présentée : mais en vérité, Molière, » vous n'avez encore rien fait qui m'ait » plus diverti, et votre pièce est excel- » lente. » Molière reprit haleine au jugement de Sa Majesté ; et aussi-tost il fut accablé de louanges par les Courtisans, qui tous d'une voix répétoient tant bien que mal ce que le Roi venoit de dire à l'avantage de cette pièce. « Cet homme » là est inimitable, » disoit le même Mr le Duc de .....; « il y a un *vis comica*, dans » tout ce qu'il fait, que les anciens n'ont » pas aussi heureusement rencontré que » lui. » Quel malheur pour ces Messieurs que Sa Majesté n'eût point dit son sentiment la première fois ! ils n'auroient pas été à la peine de se rétracter, et de s'avouer foibles connoisseurs en ouvrages. Je pourrois rapeller ici qu'ils avoient été auparavant surpris par le Sonnet du *Misantrope :* à la première lecture ils en furent saisis ; ils le trouvèrent admirable ; ce ne furent qu'exclamations. Et peu s'en fallut qu'ils ne trouvassent fort mauvais que le Misantrope fît voir que ce sonnet étoit détestable.

En effet y a-t-il rien de plus beau que le premier Acte du *Bourgeois Gentilhomme ?* il devoit du moins fraper ceux qui jugent avec équité par les connoissances les plus communes. Et Molière avoit bien raison d'être mortifié de l'avoir travaillé avec tant de soin pour être payé de sa peine par un mépris assommant. Et si j'ose me prévaloir d'une ocasion si peu considérable par raport au Roi, on ne peut trop admirer son heureux discernement, qui n'a jamais manqué la justesse dans les petites ocasions, comme dans les grands événemens.

Au mois de Novembre de la même année 1670, que l'on représenta le *Bourgeois Gentilhomme* à Paris, le nombre prit le parti de cette pièce. Chaque Bourgeois y croyoit trouver son voisin peint au naturel; et il ne se lassoit point d'aller voir ce portrait. Le spectacle d'ailleurs, quoiqu'outré et hors du vrai-semblable, mais parfaitement bien exécuté, atiroit les Spectateurs; et on laissoit gronder les Critiques, sans faire atention à ce qu'ils disoient contre cette pièce.

Il y a des gens de ce tems-cy qui prétendent que Molière ait pris l'idée du

Bourgeois Gentilhomme dans la Personne de Gandouin, Chapelier, qui avoit consommé cinquante mille écus avec une femme, que Molière connoissoit, et à qui ce Gandouin donna une belle maison qu'il avoit à Meudon. Quand cet homme fut abîmé, dit-on, il voulut plaider pour rentrer en possession de son bien. Son neveu, qui étoit Procureur et de meilleur sens que lui, n'aïant pas voulu entrer dans son sentiment, cet Oncle furieux lui donna un coup de couteau, dont pourtant il ne mourut pas. Mais on fit enfermer ce fou à Charanton d'où il se sauva par dessus les murs. Bien loin que ce Bourgeois ait servi d'original à Molière pour sa pièce, il ne l'a connu ni devant, ni après l'avoir faite ; et il est indifférent à mon sujet que l'avanture de ce Chapelier soit arrivée, ou non, après la mort de Molière.

Les *Fourberies de Scapin* parurent pour la première fois le 24 de Mai 1671. Et la *Comtesse d'Escarbagnas* fut jouée à la Cour au mois de Février de l'année suivante, et à Paris le 8 de Juillet de la même année. Tout le monde sait combien les bons Juges, et les gens du goût délicat se récrièrent contre ces deux pièces. Mais le Peuple, pour qui Molière avoit eu intention de les faire, les vit en foule, et avec plaisir.

Si le Roi n'avoit eu autant de bonté pour Molière à l'égard de ses *Femmes savantes*, que Sa Majesté en avoit eu auparavant au sujet du *Bourgeois Gentilhomme*, cette première pièce seroit peut-être tombée. Ce divertissement, disoit-on, étoit sec, peu intéressant, et ne convenoit qu'à des gens de Lecture. « Que m'importe, » s'écrioit M^r le Marquis,..., « de voir le ridicule d'un Pe-
» dant ? Est-ce un caractére à m'ocuper ?
» Que Molière en prenne à la Cour, s'il
» veut me faire plaisir. — Où a-t-il été
» déterrer, » ajoutoit M^r le Comte de....,
« ces sottes femmes, sur lesquelles il a
» travaillé aussi sérieusement que sur un

» bon sujet ? Il n'y a pas le mot pour
» rire à tout cela pour l'homme de Cour,
» et pour le Peuple. » Le Roi n'avoit
point parlé à la première représentation
de cette pièce. Mais à la seconde qui se
donna à St.-Cloud, Sa Majesté dit à
Molière, que la première fois elle avoit
dans l'esprit autre chose qui l'avoit empesché d'observer sa pièce; mais qu'elle
étoit très-bonne, et qu'elle lui avoit fait
beaucoup de plaisir. Molière n'en demandoit pas davantage, assuré que ce
qui plaisoit au Roi, étoit bien receu des
connoisseurs, et assujétissoit les autres.
Ainsi il donna sa pièce à Paris avec confiance le 11e de Mai 1672.

Molière étoit vif quand on l'ataquoit.
Benserade l'avoit fait; mais je n'ai pu
savoir à quelle ocasion. Celui-là résolut
de se venger de celui-cy, quoiqu'il fût
le bel esprit d'un grand Seigneur, et
honoré de sa protection. Molière s'avisa
donc de faire des vers du goût de ceux
de Benserade, à la louange du Roi, qui

représentoit Neptune dans une fête. Il ne s'en déclara point l'Auteur ; mais il eut la prudence de le dire à Sa Majesté. Toute la Cour trouva ces vers très-beaux, et tout d'une voix les donna à Benserade, qui ne fit point de façon d'en recevoir les complimens, sans néanmoins se livrer trop imprudemment. Le Grand Seigneur, qui le protégeoit, étoit ravi de le voir triompher ; et il en tiroit vanité, comme s'il avoit lui même été l'Auteur de ces vers. Mais quand Molière eut bien préparé sa vengeance, il déclara publiquement qu'il les avoit faits. Benserade fut honteux ; et son Protecteur se fâcha, et menaça même Molière d'avoir fait cette pièce à une personne qu'il honoroit de son estime et de sa protection. Mais le Grand Seigneur avoit les sentimens trop élevés, pour que Molière dût craindre les suites de son premier mouvement.

Bien des gens s'imaginent que Molière a eu un commerce particulier avec

Mr R.... Je n'ai point trouvé que cela fût vrai, dans la recherche que j'en ai faite ; au contraire l'âge, le travail, et le caractère de ces Messieurs étoient si différens que je ne crois pas qu'ils deussent se chercher ; et je ne pense pas même que Molière estimât R... J'en juge par ce qui leur arriva à l'occasion de *B*... R... aïant fait cette pièce la promit à Molière, pour la faire jouer sur son théâtre ; il la laissa même annoncer. Cependant il jugea à propos de la donner aux Comédiens de l'Hostel de Bourgogne ; ce qui indigna Molière et Baron contre lui. Mr de P.... aïant dit à celui-ci à Fontainebleau qu'il étoit fâché que sa Troupe n'eût pas *B*.... parce que cette pièce lui auroit fait honneur, Baron lui répondit qu'il en étoit fort aise, pour n'avoir point à faire à un malhonnête homme. Mr de P.... lui répliqua qu'il étoit bien hardi de lui parler mal de son ami. Baron animé ne fit pas de façon de soutenir sa thèse qui dégénéra en invectives ; et ils en étoient presqu'aux mains derrière le théâtre, quand Molière arriva; et qui après les avoir séparés, et s'être fait rendre conte du sujet de la querelle, dit à Baron qu'il avoit grand tort de dire du mal de R.... à Mr P....; qu'il savoit bien que c'étoit son ami, et que c'étoit pour un jeune homme trop s'écarter de la Politesse. Qu'à la vérité, lui Molière, répandoit par tout la mauvaise foi de R.... et qu'il fesoit voir son indigne caractère à tout le monde; mais qu'il se donnoit bien de garde d'en venir dire du mal à Mr de P...., qui, quoique très-mal satisfait de la remontrance de Molière à Baron, prit le parti de ne rien répondre, et de se retirer. J'ai cependant entendu parler à Mr R.... fort avantageusement de Molière; et c'est de lui que je tiens une bonne partie des choses que j'ai raportées.

J'ai assez fait connoître que Molière n'avoit pas toujours vécu en intelligence avec sa femme; il n'est pas même nécessaire que j'entre dans de plus grands détails, pour en faire voir la cause. Mais je prens ici ocasion de dire que l'on a débité, et que l'on donne encore aujourd'hui dans le public plusieurs mauvais mémoires remplis de faussetez à l'égard de Molière et de sa femme. Il n'est pas jusqu'à Mʳ Baile, qui dans son *Dictionnaire Historique*, et sur l'autorité d'un indigne et mauvais Roman ne fasse faire un personnage à Molière, et à sa femme, fort au dessous de leurs sentimens, et éloigné de la vérité sur cet article-là. Il vivoit en vrai Philosophe ; et toujours ocupé de plaire à son Prince par ses ouvrages, et de s'assurer une réputation d'honnête homme, il se mettoit peu en peine des humeurs de sa femme ; qu'il laissoit vivre à sa phantaisie, quoiqu'il conservât toujours pour elle une véritable tendresse. Cependant ses amis essayèrent de les racommoder ou, pour mieux dire, de les faire vivre avec plus de concert. Ils y réussirent ; et Molière pour rendre leur union plus parfaite quitta l'usage du lait, qu'il n'avoit point discontinué jusqu'alors ; et il se mit à la viande. Ce changement d'alimens redoubla sa toux, et sa fluxion sur la poitrine. Cependant il ne laissa pas d'achever le *Malade imaginaire*, qu'il avoit commencé depuis du tems ; car comme je l'ai déjà dit, il ne travailloit pas vîte ; mais il n'étoit pas fâché qu'on le crût expéditif. Lorsque le Roi lui demanda un divertissement, et qu'il donna *Psyché* au mois de Janvier 1672, il ne désabusa point le public, que ce qui étoit de lui dans cette pièce ne fût fait ensuite des ordres du Roi ; mais je sais qu'il étoit travaillé un an et demi auparavant, et ne pouvant pas se résoudre d'achever la pièce en aussi peu de tems qu'il en avoit, il eut recours à Mr de Corneille pour lui aider. On sait que cette pièce eut à Paris, au mois de Juillet 1672, tout le succès qu'elle méritoit. Il n'y a pourtant pas lieu de s'étonner du tems que Molière mettoit à ses ouvrages ; il conduisoit sa Troupe, il se chargeoit toujours des plus grands rolles, les visites de ses amis et des grands Seigneurs étoient fréquentes, tout cela l'ocupoit suffisamment, pour n'avoir pas beaucoup de tems à donner à son cabinet. D'ailleurs sa santé étoit très-foible, il étoit obligé de se ménager.

Dix mois après son racommodement avec sa femme, il donna le 10 de Février de l'année 1673 le *Malade Imaginaire*, dont on prétend qu'il étoit l'original. Cette Pièce eut l'aplaudissement ordinaire que l'on donnoit à ses ouvrages, malgré les critiques qui s'élevèrent. C'étoit le sort de ses meilleures Pièces d'en avoir, et de n'être goûtées qu'après la réflexion. Et l'on a remarqué qu'il n'y a guère eu que les *Précieuses Ridicules* et l'*Amphitrion* qui aient pris tout d'un coup.

Le jour que l'on devoit donner la troisième représentation du *Malade Imaginaire*, Molière se trouva tourmenté de sa fluxion beaucoup plus qu'à l'ordinaire : ce qui l'engagea de faire apeller sa femme, à qui il dit, en présence de Baron : « Tant que ma vie a été mêlée » également de douleur et de plaisir, je » me suis cru heureux ; mais aujourd'hui » que je suis acablé de peines sans pou- » voir compter sur aucuns momens de » satisfaction et de douceur, je vois bien » qu'il me faut quitter la partie ; je ne » puis plus tenir contre les douleurs et » les déplaisirs, qui ne me donnent pas » un instant de relâche. » Mais, ajouta-t-il, en réfléchissant, « qu'un homme » souffre avant que de mourir ! Cepen- » dant je sens bien que je finis. » La Molière et Baron furent vivement touchés du discours de Mr de Molière, auquel ils ne s'atendoient pas, quelque incommodé qu'il fût. Ils le conjurèrent, les larmes aux yeux, de ne point jouer ce jour-là, et de prendre du repos, pour se remetre. « Comment voulez-vous que » je fasse, » leur dit-il, « il y a cinquante » pauvres Ouvriers, qui n'ont que leur » journée pour vivre ; que feront-ils si » l'on ne joue pas ? Je me reprocherois

» d'avoir négligé de leur donner du pain
» un seul jour, le pouvant faire abso-
» lument. » Mais il envoya chercher les Comédiens à qui il dit que se sentant plus incommodé que de coutume, il ne joueroit point ce jour-là, s'ils n'étoient prêts à quatre heures précises pour jouer la Comédie. « Sans cela, » leur dit-il, « je ne puis m'y trouver, et vous pour-
» rez rendre l'argent. » Les Comédiens tinrent les lustres allumez, et la toile levée, précisément à quatre heures. Molière représenta avec beaucoup de difficulté ; et la moitié des Spectateurs s'aperçurent qu'en prononçant, *Juro*, dans la cérémonie du *Malade Imaginaire*, il lui prit une convulsion. Aïant remarqué lui-même que l'on s'en étoit aperçu, il se fit un effort, et cacha par un ris forcé ce qui venoit de lui arriver.

Quand la Pièce fut finie il prit sa robe de chambre, et fut dans la loge de Baron, et il lui demanda ce que l'on disoit de sa Pièce. M^r le Baron lui répondit que ses ouvrages avoient toujours une heureuse réussite à les examiner de près, et que plus on les représentoit, plus on les goûtoit. « Mais, » ajouta-t-il, « vous » me paroissez plus mal que tantôt. — » Cela est vrai, » lui répondit Molière, « j'ai un froid qui me tue. » Baron après lui avoir touché les mains, qu'il trouva glacées, les lui mit dans son manchon, pour les réchauffer ; il envoya chercher ses Porteurs pour le porter promtement chez lui ; et il ne quita point sa chaise, de peur qu'il ne lui arrivât quelque accident du Palais Royal dans la rue de Richelieu, où il logeoit. Quand il fut dans sa chambre, Baron voulut lui faire prendre du bouillon, dont la Molière avoit toujours provision pour elle ; car on ne pouvoit avoir plus de soin de sa personne qu'elle en avoit. « Eh ! non, » dit-il, « les bouillons de ma femme sont » de vraie eau forte pour moi ; vous » savez tous les ingrédiens qu'elle y fait » mettre : donnez-moi plutôt un petit » morceau de fromage de Parmesan. »

La Forest lui en apporta ; il en mangea avec un peu de pain ; et il se fit mettre au lit. Il n'y eut pas été un moment, qu'il envoya demander à sa femme un oreiller rempli d'une drogue qu'elle lui avoit promis pour dormir. « Tout ce qui » n'entre point dans le corps, » dit-il, « je » l'éprouve volontiers ; mais les remèdes » qu'il faut prendre me font peur ; il ne » faut rien pour me faire perdre ce qui » me reste de vie. » Un instant après il lui prit une toux extrémement forte, et après avoir craché il demanda de la lumière. « Voici, » dit-il, « du change-» ment. » Baron aïant vu le sang qu'il venoit de rendre, s'écria avec frayeur. — « Ne vous épouvantez point, » lui dit Molière, « vous m'en avez vu rendre » bien davantage. Cependant, » ajouta-t-il, « allez dire à ma femme qu'elle » monte. » Il resta assisté de deux Sœurs Religieuses, de celles qui viennent ordinairement à Paris quêter pendant le Carême, et ausquelles il donnoit l'Hospitalité. Elles lui donnèrent à ce dernier moment de sa vie tout le secours édifiant que l'on pouvoit atendre de leur charité, et il leur fit paroître tous les sentimens d'un bon Chrétion, et toute la résignation qu'il devoit à la volonté du Seigneur. Enfin il rendit l'esprit entre les bras de ces deux bonnes Sœurs ; le sang qui sortoit par sa bouche en abondance l'étouffa. Ainsi quand sa femme et Baron remontèrent, ils le trouvèrent mort. J'ai cru que je devois entrer dans le détail de la mort de Molière, pour désabuser le Public de plusieurs histoires que l'on a faites à cette ocasion. Il mourut le Vendredi 17º du mois de Février de l'année 1673, âgé de cinquante-trois ans; regreté de tous les Gens de Lettres, des Courtisans, et du Peuple. Il n'a laissé qu'une fille : Mademoiselle Pocquelin fait connoître par l'arangement de sa conduite, et par la solidité et l'agrément de sa conversation, qu'elle a moins hérité des biens de son père, que de ses bonnes qualitez.

Aussi-tôt que Molière fut mort, Baron fut à Saint Germain en informer le Roi ; Sa Majesté en fut touchée, et daigna le témoigner. C'étoit un homme de probité, et qui avoit des sentimens peu communs parmi les personnes de sa naissance, on doit l'avoir remarqué par les traits de sa vie que j'ai raportés : et ses Ouvrages font juger de son esprit beaucoup mieux que mes expressions. Il avoit un atachement inviolable pour la Personne du Roi, il étoit toujours ocupé de plaire à Sa Majesté, sans cependant négliger l'estime du Public, à laquelle il étoit fort sensible. Il étoit ferme dans son amitié, et il savoit la placer. Mr le Maréchal de Vivone étoit celui des Grands Seigneurs qui l'honoroit le plus de la sienne. Chapelle fut saisi de douleur à la mort de son ami, il crut avoir perdu toute consolation, tout secours ; et il donna des marques d'une affliction si vive que l'on doutoit qu'il lui survécût long tems.

Tout le monde sait les difficultez que l'on eut à faire enterrer Molière, comme un Chrétien Catholique; et comment on obtint en considération de son mérite et de la droiture de ses sentimens, dont on fit des informations, qu'il fût inhumé à Saint Joseph. Le jour qu'on le porta en terre il s'amassa une foule incroyable de Peuple devant sa porte. La Molière en fut épouvantée; elle ne pouvoit pénétrer l'intention de cette Populace. On lui conseilla de répandre une centaine de pistoles par les fenêtres. Elle ne hésita point; elle les jetta à ce Peuple amassé, en le priant avec des termes si touchans de donner des prières à son mari, qu'il n'y eut personne de ces gens-là qui ne priât Dieu de tout son cœur.

Le Convoi se fit tranquilement à la clarté de près de cent flambeaux, le Mardi vingt un de Février. Comme il passoit dans la rue Montmartre on demanda à une femme, qui étoit celui que l'on portoit en terre ? — « Et c'est ce » Molière, » répondit-elle. Une autre femme qui étoit à sa fenêtre et qui l'entendit, s'écria : « Comment malheureuse ! » il est bién Monsieur pour toi. »

Il ne fut pas mort, que les Épitaphes furent répandues par tout Paris. Il n'y avoit pas un Poëte qui n'en eût fait ; mais il y en eut peu qui réussirent. Un Abbé crut bien faire sa Cour à défunt Monsieur le Prince de lui présenter celle qu'il avoit faite. « Ah ! » lui dit ce Grand Prince, qui avoit toujours honoré Molière de son estime, « que celui dont tu » me présentes l'Épitaphe, n'est-il en » état de faire la tienne ! »

M... à qui une source profonde d'érudition avoit mérité un des emplois les plus précieux de la Cour, et qui est un Illustre Prélat aujourd'hui, daigna honorer la mémoire de Molière par les Vers suivans :

Plaudebat, Moleri, tibi plenis Aula Theatris ;
   Nunc eadem mœrens post tua fata gemit.
Si risum nobis movisses parcius olim,
   Parcius heu ! lachrymis tingeret ora dolor.

> *Molière, toute la Cour, qui t'a toujours honoré de ses aplaudissements sur ton Théâtre comique, touchée aujourd'hui de ta mort, honore ta mémoire des regrets qui te sont dus. Toute la France proportionne sa vive douleur au plaisir que tu lui as donné par ta fine et sage plaisanterie.*

Les Personnes de probité, et les Gens de Lettres sentirent tout d'un coup la perte que le Théâtre comique avoit faite par la mort de Molière. Mais ses ennemis, qui avoient fait tous leurs efforts inutilement pour rabaisser son mérite pendant sa vie, s'excitèrent encore après sa mort pour attaquer sa mémoire; ils répétoient toutes les calomnies, toutes les faussetez, toutes les mauvaises plaisanteries que des Poëtes ignorans ou irritez avoient répandues quelques années auparavant dans deux Pièces intitulées : *le Portrait du Peintre*, dont j'ai parlé, et *Élomire Hypocondre*, ou les *Médecins vengés*. C'étoit, disoit-on, un homme sans mœurs, sans Religion, mauvais Auteur. L'envie et l'ignorance les soutenoient dans ces sentimens; et ils n'omettoient rien pour les rendre publics par leurs discours, ou par leurs Ouvrages. Il y en a même encore aujourd'hui de ces Personnes toujours portées à juger mal d'un homme qu'ils ne sauroient imiter, qui soupçonnent la conduite de Molière, qui cherchent les traits foibles de ses ouvrages pour le décrier. Mais j'ai de bons Garands de la vérité que j'ai rendue au Public à l'avantage de cet Auteur. L'estime, les biens-faits dont le Roi l'a toujours honoré, les Personnes avec qui il avoit lié amitié, le soin qu'il a pris d'ataquer le vice et de relever la vertu dans ses ouvrages, l'atention que l'on a eue de le metre au nombre des hommes illustres, ne doivent plus laisser lieu de douter que je ne vienne de le peindre tel qu'il étoit ; et plus les tems s'éloigneront, plus l'on travaillera, plus aussi on reconnoîtra que j'ai ateint la verité, et qu'il ne m'a manqué que de l'habileté pour la rendre.

Le lecteur qui va toujours au delà de

ce qu'un Auteur lui donne, sans réfléchir sur son dessein, auroit peut-être voulu que j'eusse détaillé davantage le succès de toutes les pièces de Molière, que je fusse entré avec plus de soin dans le jugement que l'on en fit dans le tems. On m'a fait cette difficulté; je me la suis faite à moi même. Mais n'eust-ce point été faire plustost l'histoire du théâtre de Molière, que composer sa vie? Il m'eût fallu continuellement rebatre la même chose à chaque pièce; on s'en fût ennuyé. C'étoient toujours les mêmes ennemis de Molière qui parloient : leur ignorance les tenoit toujours dans le même genre de critique. Comme on ne peut pas contenter tout le monde, si un habile homme trouvoit quelque endroit qui lui déplût dans une pièce, cette troupe d'envieux saisissoit ce sentiment, se l'attribuoit, et fesoit ses efforts pour décrier l'Auteur; mais il triomphoit toujours. Molière connoissoit les trois sortes de personnes qu'il avoit à divertir, le Courtisan, le Savant, et le Bourgeois.

La Cour se plaisoit aux spectacles, aux sentimens de la *Princesse d'Élide*, des *Amans magnifiques*, de *Psyché;* et ne dédaignoit pas de rire à *Scapin*, au *Mariage forcé*, à la *Comtesse d'Escarbagnas*. Le peuple ne cherchoit que la farce, et négligeoit ce qui étoit au-dessus de sa portée. L'habile homme vouloit qu'un Auteur comme Molière conduisît son sujet, et remplît noblement, en suivant la nature, le caractère qu'il avoit choisi à l'exemple de Térence. On le voit par le jugement que M^r des Préaux fait de Molière dans son *Art Poétique* :

Ne faites point parler vos acteurs au hazard,
Un vieillard en jeune homme, un jeune homme en vieillard.
Étudiez la Cour et connoissez la Ville :
L'une et l'autre est toujours en modéles fertile.
C'est par là que Molière illustrant ses écrits,
Peut-être de son art eût remporté le prix,
Si moins ami du peuple en ses doctes peintures,
Il n'eût point fait souvent grimacer ses figures,
Quité, pour le bouffon, l'agréable et le fin,
Et sans honte à Térence allié Tabarin.
Dans ce sac ridicule où Scapin s'enveloppe,
Je ne reconnois point l'auteur du *Misantrope,* etc.

Mʳ de la Bruyère en a jugé ainsi : « Il n'a, » dit-il, « manqué à Térence que d'être moins froid : quelle pureté ! quelle exactitude ! quelle politesse ! quelle élégance ! quels caractères ! Il n'a manqué à Molière que d'éviter le jargon, et d'écrire purement : quel feu ! quelle naïveté ! quelle source de la bonne plaisanterie ! quelle imitation des mœurs ! et quel fléau du ridicule ! Mais quel homme on auroit pu faire de ces deux Comiques ! » . Tous les savans ont porté à peu près le même jugement snr les ouvrages de Molière ; mais il divertissoit tour à tour les trois sortes de personnes dont je viens de parler ; et comme ils voyoient ensemble ses ouvrages, ils en jugeoient suivant qu'ils en devoient estre affectez sans qu'il s'en mît beaucoup en peine, pourvu que leurs jugemens répondissent au dessein qu'il pouvoit avoir, en donnant une pièce, ou de plaire à la Cour, ou de s'enrichir par la foule, ou de s'aquérir l'estime des connoisseurs. Ainsi n'aïant eu en veue que de donner la vie de Molière, j'ai cru que je devois me dispenser d'entrer dans l'examen de ses pièces qui n'y est point essenciel, chose d'ailleurs qui demande une étendue de connoissance au dessus de ma portée. Je me suis donc renfermé dans les faits qui ont donné occasion aux principales actions de sa vie; et qui m'ont aidé à faire connoître son caractère, et les différentes situations où il s'est trouvé. Je l'ai suivi avec soin depuis sa naissance jusqu'à sa mort, sans m'écarter de la vérité; non que je présume avoir tout dit : il peut estre échapé quelques faits à mon exactitude; mais je doute qu'ils fissent paroître l'esprit, le cœur, et la situation de Molière autrement que ce que j'en ai dit.

J'avois fort à cœur de recouvrer les ouvrages de Molière, qui n'ont jamais vu le jour. Je savois qu'il avoit laissé quelques fragmens de pièces qu'il devoit achever : je savois aussi qu'il en avoit quelques unes entières, qui n'ont jamais paru. Mais sa femme, peu curieuse des ouvrages de son mari, les donna tous quelque tems après sa mort au sieur de la Grange, Comédien, qui connoissant tout le mérite de ce travail, le conserva avec grand soin jusqu'à sa mort. La femme de celui-cy ne fut pas plus soigneuse de ces ouvrages que la Molière : elle vendit toute la Bibliothèque de son mari, où aparemment se trouvèrent les manuscripts qui étoient restez après la mort de Molière.

Cet Auteur avoit traduit presque tout Lucrèce ; et il auroit achevé ce travail, sans un malheur qui arriva à son ouvrage. Un de ses domestiques, à qui il avoit ordonné de mettre sa peruque sous e papier, prit un cahier de sa traduction pour faire des papillotes. Molière n'étoit pas heureux en domestiques, les siens étoient sujets aux étourderies, ou celle-cy doit être encore imputée à celui qui le chaussoit à l'envers. Molière, qui étoit facile à s'indigner, fut si piqué de la destinée de son cahier de traduction, que dans la colère, il jetta sur le champ le reste au feu. A mesure qu'il y avoit travaillé il avoit lu son ouvrage à Mr Rohault qui en avoit été très-satisfait, comme il l'a témoigné à plusieurs personnes. Pour donner plus de goût à sa traduction, Molière avoit rendu en Prose toutes les matières Philosophiques; et il avoit mis en vers ces belles descriptions de Lucrèce.

On s'étonnera peut-être que je n'aie point fait Mr de Molière Avocat. Mais ce fait m'avoit été absolument contesté par des personnes que je devois suposer en savoir mieux la vérité que le Public; et je devois me rendre à leurs bonnes raisons. Cependant sa famille m'a si positivement assuré du contraire, que je me crois obligé de dire que Molière fit son Droit avec un de ses camarades d'Étude; que dans le tems qu'il se fit recevoir Avocat ce Camarade se fit Comédien; que l'un et l'autre eurent du succès chacun dans sa profession : et qu'enfin lors qu'il prit phantaisie à Molière de quiter le Barreau pour monter sur le Théâtre, son camarade le Comédien se fit Avocat. Cette double cascade m'a paru assez singulière pour la donner au Public telle qu'on me l'a assurée, comme une particularité qui prouve que Molière a été Avocat.

FIN

LETTRE
CRITIQUE
A M⁽ DE ***

SUR

LE LIVRE INTITULÉ

LA VIE
DE Mᴿ DE MOLIERE

A PARIS
Chez Claude CELLIER, rüe S. Jacques
à la Toison d'or, vis-à-vis S. Yves

M DCC VI
Avec privilege du Roy

Le privilége est au nom de Claude Cellier, et l'approbation de Saurin, du 18 Novembre 1705.

LETTRE CRITIQUE

ÉCRITE A Mʳ DE ✶✶✶

Sur le livre intitulé

LA VIE
DE Mʳ DE MOLIÈRE

E ne fais point de façon, Monsieur, de vous dire ce que je pense de la Vie de Molière; vostre discrétion m'a accoutumé à vous dire mes sentimens sans réserve : et dès que vous le souhaitez, je ne puis me dispenser de vous satisfaire sur cet article. Peut-estre ne serez-vous point content de mon jugement; car le Livre sur lequel vous voulez que je le porte a ses Partisans, les Journaux en ont dit du bien ; mais tout cela ne m'impose point, et je juge selon l'effet qu'un Ouvrage fait sur mon esprit. Voicy donc, de vous à moy, ce que je trouve de bon et de mauvais dans celuy-cy.

Apparemment que l'Auteur n'a eu intention de faire son livre que pour des gens d'Antichambre, et pour le menu peuple. Il n'y a que ces sortes de personnes qui puissent appeler Molière, Monsieur ; c'estoit un Comédien, c'est-à-dire, un homme d'une profession ignoble, à qui la qualité de Monsieur ne convient nullement. Le Secrétaire du Roy qui a dressé le Privilége de l'Auteur, sçait mieux le cérémonial que luy ; que ne suivoit-il son exemple ? En vérité, il répugne en ouvrant ce Livre, de lire : La Vie de Monsieur de Molière. Si l'Auteur n'avoit pas chargé sur les Comédiens, j'aurois cru qu'il seroit tombé dans cette faute pour leur faire plaisir ; mais je vois bien que le pauvre homme l'a fait par ignorance, puisqu'il a assez maltraité ces Messieurs-là.

Quant à son stile, c'est un Auteur qui s'emporte, mais qui paroist assez le maistre de son expression, qu'il hazarde aussi effrontément que s'il estoit le Directeur de la Langue : tout terme, toute expression l'accommode pour se faire entendre. Est-il de l'Académie pour parler si hardiment? Il écrit presque sur le même ton que l'Auteur du Système du Cœur. Ce n'est point à ces Messieurs-là à défigurer nostre Langue de cette force-là ; c'est à eux à suivre ce qui est établi. C'est dommage que l'Auteur en question se soit si fort écarté de la voye commune dans le choix de ses termes ; car il construit bien, et il exprime beaucoup en peu de paroles. Ce seroit faire un Volume, que de vous faire remarquer toutes les expressions hardies qui sont dans ce Livre ; il en est tout remply, et je crois, Monsieur, que vous vous en estes aussi-bien apperçu que moy ; mais n'avez-vous point laissé passer le verbe, représenter, que l'Auteur fait neutre, pour signifier remontrer ? Voilà la première fois que je le vois employé sans régime en cette signification : Ceux, dit-il, qui représentèrent au Roy, le firent avec de bonnes raisons, etc. Je doute aussi que l'on ait encore écrit, cette pièce a pris tout d'un coup; pour dire qu'elle a eu applaudissement général dès la première fois qu'on l'a jouée. Faites-y attention, Monsieur, vous en trouverez beaucoup de cette force-là.

Il me paroist que ce Livre n'a point d'autre ordre que celuy des temps ; mais l'Auteur a *mal fait, selon moy, d'y assujettir les avantures dont son Ouvrage est remply ; cela fait oublier la suite des Pièces de Molière, qui occupent plus les gens de Lettres, que des faits peu intéressans.*

Dans une espèce de Préface qui sert de commencement à ce Livre, l'Auteur s'étonne qu'on n'ait point encore donné la Vie de Molière. Pour moy, je ne m'en étonne point du tout, et je ne vois pas même qu'il y ait lieu de s'en étonner : nous avons de Molière tout ce qui doit nous toucher, ce sont ses Ouvrages ; et je me mets fort peu en peine de ce qu'il a fait dans son domestique, ou dans son commerce avec ses amis ; nous nous passons de la Vie de bien d'autres personnes illustres dans les Lettres ; nous nous serions aussi-bien passez de la sienne. Et content de l'admirer dans ses Ouvrages, je m'embarrassois peu ny qui il estoit, ny d'où il estoit ; l'Estat n'est nullement intéressé dans sa naissance ny dans ses actions.

Mais à le prendre dans le sens de l'Auteur, je ne vois pas qu'il ait trop bien remply son grand dessein. La Vie de cet Auteur inimitable, qui nous occupe si souvent, n'est presque rien ; ce sont de petites Avantures qui luy sont arrivées avec quelques personnes, que l'Auteur ne daigne seulement pas nous nommer. Il y en a quelques-unes qui peuvent faire rire les gens qui s'amusent de peu de chose. Mais dans tout le corps du Livre, il n'y a rien qui fasse paroistre Molière aussi grand Homme que l'Auteur nous le promet, indépendamment de ses Pièces. De bonne foy, à le prendre sérieusement, est-ce là Molière ? Car bien que je ne sois pas de son temps, je sçais néanmoins qu'il a eu des Scènes à la Cour, et ailleurs, qui auroient fait plaisir à un Lecteur de goût. Pourquoy l'Auteur ne nous les a-t-il pas données ? Nous aurions un Ouvrage intéressant. Mais entrons dans le détail de celuy-cy.

L'Auteur nous promet la vérité des faits, et il veut nous faire croire qu'elle luy a coûté cher. Pour moy, je n'en crois rien ; et je penserois plutost que secouru de quelqu'un contemporain de Molière, il a broché son Ouvrage, qui est négligé en quelques endroits ; et je jurerois que ce quelqu'un est Baron : car ce Livre est autant sa Vie que celle de Molière : et ce qui me le feroit croire davantage, ce sont les louanges outrées que l'Auteur luy donne un peu trop légèrement, sur tout lorsqu'il dit hardiment : Qui depuis Molière a mieux soutenu le Théâtre Comique que Baron ? *C'est-là insulter fortement Dancourt pour le nombre, et plusieurs autres Auteurs pour la bonté des Pièces. Après cela, je ne puis douter que Baron n'ait donné la matière de cet Ouvrage, et que l'Auteur n'y est de part que pour l'expression.*

« *Plust à Dieu,* » *dit le grand-père de Molière à son fils,* « *que ce petit garçon fût* » *aussi bon Comédien que Bellerose !* » *Ou ce bon homme radotoit, ou comme habitant des pilliers des Halles, il avoit peu de christianisme. L'Auteur auroit pu se passer de rapporter cette extravagance ; mais il nous a promis vérité ; il faut luy pardonner cette étourderie.*

A la sixième page, il nous prépare adroitement au mariage de Molière : c'étoit un endroit délicat à toucher ; car le Public a de fâcheuses préventions sur cet article : et il n'auroit pas esté mauvais de produire des Pièces justificatives de ce qu'avance l'Auteur pour anéantir le préjugé général. Je ne luy sçais pourtant pas mauvais gré d'avoir essayé de détruire l'opinion commune ; et je croirois pieusement, et avec plaisir, tout ce qu'il nous dit, s'il nous avoit donné le reste avec sincérité.

Car je ne puis m'imaginer que M. le Prince de Conty ait voulu faire son Secrétaire du Héros de notre Auteur. Mais si la chose est vraye, les amis de ce pauvre Comédien avoient bien raison de le blâmer de n'avoir point accepté cet emploi. Il est vray qu'il en donne d'assez bonnes raisons, mais je crois qu'elles sont plutôt de la façon de l'Auteur, que de celle de Molière, qui alors ne connoissoit point assez la Cour pour parler aussi sensément qu'il le fait à ses amis ; et l'honneur et l'agrément d'une telle place devoient au contraire l'éblouir, et il devoit tout quitter pour la prendre, et tout employer pour s'en rendre digne.

Je rencontre une contradiction dans notre Auteur. Il fait dire à Molière en Languedoc, qu'il est passable Auteur : il luy fait souhaiter de venir à Paris, parce qu'il se sentoit assez de forces pour y soutenir un Théâtre Comique ; et lorsqu'il y est arrivé, il se défie de luy, mal-à-propos ; puisque c'est après avoir plu au Roy ; après que Sa Majesté luy eut accordé le Petit-Bourbon pour jouer la Comédie. Franchement ces deux sentimens ne s'accordent pas bien ; je *veux croire aussi qu'ils sont échappez à l'Auteur ; et à l'insçu de la verité, qui a oublié de le guider en cet endroit.*

Les Auteurs Comiques, et les Comédiens ne sont point amis de l'Auteur ; il ne perd point l'occasion de les attaquer. Ceux-là, avant et depuis Molière, n'ont donné que de mauvais Ouvrages : ceux-ci ne savent point leur métier, et ne représentent pas bien les Pièces de Molière. L'Auteur me permettra que je ne sois point de son sentiment. Nous avons eu pour le goût du temps des Pièces excellentes avant Molière. Boisrobert, Douville, Scaron, Rotrou, Tristan, nous en ont donné. Et depuis Molière, nous avons eu celles de Messieurs de Brueys, Boursault, Menard, etc., sans parler de Dancourt qui a fait un Théâtre Comique complet. Les bons Auteurs Modernes ne se réduisent donc pas à Baron ; et j'en appelle au succès de ses deux dernières Pièces. C'est connoistre bien légèrement le Théâtre d'aujourd'huy que de porter un jugement aussi faux que celuy de l'Auteur : mais aux dépens de son honneur, il a voulu faire plaisir à Baron. Ne seroit-il point pour quelque chose dans ses Ouvrages, qu'il les élève si fortement ?

Quant aux Comédiens, la proposition de

l'*Auteur n'est pas plus juste* : Molière, *dit-il, ne reconnoîtroit pas ses Ouvrages, s'il les voyoit représenter aujourd'huy. Voilà un sentiment qui me paroît outré ; car je ne vois pas même que Molière ait jamais mieux représenté le Bourgeois Gentilhomme et Pourceaugnac, que Poisson les représente ; qu'il ait mieux soutenu le caractère du Misantrope, que Beaubourg et Dancourt le font valoir ; plus délicatement grimacé que la Torellière, et ainsi des autres. Il me suffit que le public soit content de leur Jeu, pour que je sois persuadé que j'ay raison ; surtout aujourd'huy, que le bon goût est plus général qu'il ne l'estoit du temps de Molière. L'Auteur, à cette occasion, nous étale fastueusement dans deux ou trois endroits de grands mots, pour nous faire entendre que le métier de Comédien a de trop grands principes, pour que des gens si mal élevez puissent les sçavoir. Si on le pressoit de les donner, il seroit fort embarrassé, sur ma parole ; car je n'en connois point d'autre que le bon sens, une belle voix, et de beaux gestes. Il semble, à l'entendre parler, que le Jeu de la Comédie soit aussi difficile à acquérir que l'art de prêcher. Mais quand cela seroit, est-ce l'éducation qui donne la déclamation? Si ce principe est vrai, les Comédiens doivent tous estre de bons acteurs, puisqu'ils n'épargnent rien pour bien élever leurs enfans. Mais nous voyons, malgré le Système de notre Auteur, que ceux de leur Troupe, qui ont le plus étudié, sont presque les plus foibles Acteurs. C'est un don de la Nature, que l'expérience façonne, sans aucunes règles, que de s'accommoder au goût du Public.*

Ou Molière avoit bien peu de raison de demander à M. Racine un Acte d'une Tragédie par semaine; ou celui-ci étoit un terrible Poëte alors, de se charger de fournir ce pénible ouvrage. Ce fait n'est absolument point dans la Nature; et il faut que l'Auteur ait pris les semaines pour les mois.

Trouvez-vous, Monsieur, que l'histoire de la petite Épinette convienne à la vie d'un homme grave? Elle est entièrement épisodique, et je n'y vois pas le mot pour rire. L'Auteur auroit pu faire entrer Baron plus noblement sur la Scène, que de le mettre avec les Bateleurs de la Foire; et je m'étonne que ce grand Homme ait souffert que son ami (car je n'en veux rien rabattre, ils se connoissent de longue main) l'ait fait passer à la postérité par une si vilaine porte.

D'ailleurs, tout ce fatras de petites circonstances, qui regardent les commencemens de Baron, m'ennuye à la mort. Je m'embarrasse fort peu qu'il ait eu du bien et des Tuteurs, et qu'il ait été petit Farceur à la Foire Saint-Germain, ni que Molière l'ait pris tout nud, et qu'il l'ait fait habiller. En habile homme, l'Auteur devoit même supprimer ces petites circonstances, par rapport à Molière. Mais n'en parlons plus, aussi bien cela n'en vaut pas la peine, et ne mérite d'être relevé que pour accuser l'Auteur d'imprudence, d'être entré dans des choses si communes, qu'il nous avoit pourtant promis d'écarter. Molière est le plus petit homme du monde quand l'Auteur le met avec Baron, excepté néanmoins dans l'aventure de Mignot. Cette action de Molière est belle, et je doute qu'il y ait beaucoup de personnes capables d'en ménager si bien une pareille. Mais je trouve toujours en mon chemin Baron, comme un indigne pupille, et Molière comme un fade gouverneur.

L'Auteur a fait tout ce qu'il a pu pour couvrir le mauvais de la Vie de Molière ; mais comme il aime la vérité, il nous fait pourtant entendre par tout, mais surtout par la conversation de Molière avec Rohaut, que *celui-là avoit une femme qui se conduisoit en Comédienne peu scrupuleuse sur le chapitre de la vertu. Cette vérité n'étoit point trop bonne à dire si clairement, sur tout pour un Auteur qui nous avoit promis d'éviter les choses communes.*

L'avanture de ces quatre personnes qui se vont noyer est extravagante, et hors du vrai-semblable; et je m'étonne qu'un homme de bon sens nous la donne bien sérieusement pour une vérité. Je conviens que si la chose est vraie, Molière y fait le personnage d'homme d'esprit. Mais qu'est-ce que Chapelle a fait à l'Auteur; pour le mettre toujours pris de vin sur la Scène, ou dans la disposition de s'enyvrer ? Ne pouvoit-il le prendre de son beau côté ? C'est de gayeté de cœur insulter à la mémoire d'un galand homme.

L'Auteur détaille assez la Comédie du Tartuffe pour ceux qui ne sçavent pas ce qui se passa à l'occasion de cette Pièce. Mais j'entends tous les jours bien des gens de ce temps-là qui se plaignent que l'Auteur n'ait pas développé tous les mouvemens que l'on se donna pour faire supprimer cette Pièce, et pour en faire punir l'Auteur. Il falloit aussi nous dire sur quel modèle Molière l'avoit fait, et ce qu'on luy fit changer, pour lui permettre de la jouer la seconde fois. Mais l'Auteur nous cache jusqu'au nom de celui qui en fit défendre la représentation. Le mystère est répandu dans son Livre depuis le commencement jusques à la fin : c'est une Énigme continuelle. Les égards de cet Auteur vont jusqu'à ménager le Valet qui chaussoit Molière à l'envers; et tout Paris sçait qu'il se nommoit Provençal, et on le connoît sous un autre nom. Cette personne dont Molière fait un si indigne jugement, s'est rendu fort recommandable par son mérite dans les affaires et dans les Méchaniques. Il n'étoit pas né pour être un habile Domestique ; mais il avoit toutes les dispositions pour devenir ce qu'il est. L'Auteur auroit dû luy rendre cette justice, et en faisant connoître le malheur de son premier âge, relever le mérite de celuy qui l'a suivi. Il ne dépend pas de nous de naitre avec du bien ; mais c'est un grand talent d'en acquérir, comme il a fait par son assiduité, et par son intelligence. Je le nommerois, si je ne voulois épargner à l'Auteur la confusion publique de l'avoir maltraité si mal-à-propos.

Je suis assez content de l'Histoire du Misantrope : mais je n'approuve nullement que

*l'Auteur nomme rapsodie, une Dissertation
qu'une personne de Littérature fit dans le
temps pour le défendre contre les Critiques.*
Voilà comme sont tous les Auteurs, qui
s'imaginent être du premier ordre ; tout ce
qu'ils n'ont pas fait, est, selon eux, détestable ; cependant, cet Ouvrage dont Molière,
ou notre Auteur fait tant de bruit, est le
meilleur que cette personne ait fait en sa
vie ; et il n'y a guère eu d'Auteur qui ait
plus travaillé que luy, ni dont le nom soit
plus connu. Il étoit inutile que notre Auteur
mystérieux voulût nous cacher sa médisance ; tout le monde sçait que la défense du
Misantrope est de l'Auteur qui nous apprend
si galamment tous les mois ce qui se passe
dans toute l'Europe. Et le jugement que l'on
en fait dans ce Livre-ci, ne cause aucune
altération à sa réputation : elle n'a qu'une
voix.

*La conversation de Molière avec Bernier
me paroît fort plate ; et Baron, qui est le
cheval de bataille de l'Auteur, m'y semble
fort mal amené, et y faire un personnage
impertinent. Mais l'on commence à s'appercevoir en cet endroit, que l'Auteur manque de
matière, et que le donneur de Mémoires ne
s'est pas oublié.*

Cependant l'aventure du Minime m'a réjoui; elle est d'esprit, et l'Auteur l'a assez bien rendue : car je fais justice sans prévention, et je ne prétens point, quand il verroit cette Lettre, m'attirer son mépris. Je suis sûr que s'il vouloit être de bonne foy, il avoueroit que j'ai raison de le reprendre en bien des endroits. Je ne l'estime pas moins pour avoir fait des fautes que la matière exigeoit de luy. Il a fait voir par l'Ouvrage qu'il a donné après celuï-ci, qu'il est capable de faire mieux ; et qu'il est le maître de se donner de la réputation quand il choisira de bons sujets.

Je doute que la conversation de Chapelle avec Molière sur les Ouvrages de celui-ci soit véritable. Est-il naturel que celui-là rompe en visière à un ancien amy, aussi fortement qu'il le fait dans cette conversation ? Ces deux Amis se querellent sans cesse dans ce Livre ; Molière mésestime toujours Chapelle ; et cependant il ne sçauroit se défaire de l'amitié qu'il a pour luy. Par quel endroit Chapelle faisoit-il donc plaisir à Molière, puisqu'il ne pouvoit s'accommoder de son caractère ? Un homme de bon esprit se seroit défait honnêtement du commerce d'un Amy si incommode : mais l'Auteur n'auroit eu moyen de faire donner par Molière une belle éducation à Baron, sans Chapelle. C'est son lieu commun pour lui faire éviter le vin et ménager ses amis : il pouvoit avoir soin de son Élève, sans intéresser la réputation de personne.

La Scène du Courtisan Extravagant n'est point un morceau à mettre dans un Livre ; elle n'est bonne que pour une Comédie ; elle est toute écrite, il n'y aurait qu'à la placer. Elle est assez dans la nature ; mais le nom du Courtisan me la feroit trouver encore plus agréable.

L'aventure du jeune homme qui veut se faire Comédien est moderne, ou elle est double : car je sçai qu'une personne qui a assez bonne réputation parmi les Gens de Lettres, fut un jour demander à Roselis un semblable conseil, à quelques circonstances près ; car il donna à ce Comédien l'alternative entre la profession de Jésuite, ou celle de comédien. Roselis, très-honnête homme, lui conseilla sans balancer de se faire Jésuite. Mais ce jeune homme qui croyoit que ses talens pour la Comédie détermineroient son conseil de ce côté-là, fut fort étonné de le trouver opposé à sa passion. De sorte que, trouvant des obstacles des deux côtez, il n'a pris ni l'un ni l'autre parti ; et il a choisi la profession de bel Esprit, dont il s'acquitte avec assez d'applaudissement.

C'est en cet endroit de la Vie de Molière, que les pauvres Comédiens sont accommodez de toute façon. L'Auteur fait faire ici un personnage à Molière d'homme désintéressé et juste ; mais il me semble qu'il pouvoit dissuader le jeune étourdi de prendre sa profession, sans lui en faire voir le ridicule et l'indignité : C'est, dit-il, la dernière ressource de ceux qui ne sçauroient mieux faire, ou des libertins qui veulent se soustraire au travail ; c'est enfoncer le poignard dans le cœur de vos parens, de monter sur le Théâtre. Je me suis toujours reproché d'avoir donné ce déplaisir à ma famille : c'est la plus triste situation que d'être l'Esclave des fantaisies des Grands Seigneurs ; le reste du monde nous regarde comme des gens perdus, et nous méprise. Molière avoit raison de penser tout cela comme homme de bon esprit et de probité : mais il avoit grand tort de le dire, comme Comédien. Et suposé qu'il ait jamais parlé aussi étourdiment, l'Auteur devoit sauver cette peinture mortifiante à une troupe de gens qui ne luy ont rien fait que de le divertir, quand il a voulu *aller à la Comédie. Il a épargné tant d'autres vérité{ à des personnes qui ne les valent pas, tout Comédiens qu'ils sont ; il pouvoit bien encore épargner à la Troupe le chagrin que de tels sentimens partissent d'un homme qu'ils reconnoissent pour leur Maître, et qui a été si long-temps à leur teste. Car à regarder les Comédiens du côté des mœurs, ils en ont de bonnes comme les autres; et s'il y en a quelques-uns qui n'édifient pas, il y en a d'autres qui cultivent la vertu. Je vous avoue, Monsieur, que ce discours de Molière m'a révolté ; il n'y a personne qui ne parlât contr'eux avec plus de modération.*

Mais, Monsieur, pourquoy l'Auteur introduit-il Chapelle pris de vin dans cette occasion ? Molière pouvoit bien, sans lui, faire entendre raison à ce jeune fils d'Avocat. Quelle impertinence Chapelle ne vient-il pas dire ? C'est, dit-il, un vol que ce jeune homme fera au Public s'il ne se fait Prédicateur ou Comédien. Comme si les principes de la déclamation étoient les mêmes dans ces deux professions si oposées ! L'Auteur fait bien connoître par cette proposition, qu'il n'entend ni l'action de la Chaire, ni l'action du Théâtre ; car je ne puis m'imaginer que cela soit sorti de la bouche de Chapelle, qui étoit un homme d'esprit et de goût. L'Auteur s'est imaginé qu'il n'étoit bon qu'à dire des plaisanteries, puisqu'il le fait encore parler sur le même ton dans les pages suivantes, dans des avantures, qui sont même épisodiques à son sujet. Mais je remarque à cette occasion, que l'Auteur a eu une attention extraordinaire à répandre du plaisant dans la vie d'un homme sérieux. A quel dessein ? Ses actions nuement rapportées, avoient assez de quoy satisfaire ceux qui s'intéressent à le connoître, sans les faire servir de divertissement au Public. Il fait beau voir cet homme grave envoyer chercher le chapeau de Rohaut son ami, pour représenter le Philosophe dans le Bourgeois Gentilhomme ; *cela est plat et d'un mauvais caractère. Oh mais, me diroit l'Auteur, cela est vray. Eh bien, quand on n'en pourroit douter, qu'importe à la postérité d'avoir cette ridicule vérité dans la vie d'un homme dont elle ne cherchera jamais la bassesse ?*

Je ne suis pas mécontent de l'histoire du succez du Bourgeois Gentilhomme *et des* Femmes Sçavantes *à la Cour. Ce sont ces endroits-là que l'Auteur auroit dû détailler davantage, parce que ce sont les seuls qui nous touchent. Nous voyons représenter tous*

*les jours les Pièces de Molière, et nous au-
rions été ravis de connoître les modèles de
ses caractères, les motifs qui l'ont fait travailler, et le succès de ses pièces dans le
temps. Et même, en homme avisé, l'Auteur
auroit dû nous donner une Dissertation sur
chacune. Ç'auroit été là un Ouvrage excellent; mais cette suite d'aventures communes
n'est bonne que pour ces Lecteurs qui s'amusent de rien. Il est vrai que l'Auteur, qui a
senti par avance cette objection, y répond
modestement à la fin de son Livre. Un tel
Ouvrage, dit-il, est au-dessus de ma portée ; et quand je l'aurois fait, c'eût été donner l'histoire du Théâtre de Molière, et non
pas sa vie. Eh bien soit, celle-là m'auroit
fait beaucoup de plaisir ; celle-ci ne m'intéresse point. On donne la vie d'un homme,
quand ses actions inspirent de la sainteté
dans les mœurs, et de l'élévation dans les
sentimens, ou qu'elle fournit des moyens de
gouverner, et de se conduire dans les grands
emplois.*

*La querelle de Baron avec ce Courtisan
inconnu, à l'occasion d'une Pièce de Théâtre, me paroît impertinente. Molière y fait
le personnage d'un présomptueux ; Baron,
celuy d'un homme qui ne se connoît pas ; le*

Courtisan, celuy d'un mal-avisé, de se commettre avec luy : et tout cela est soutenu par de si mauvaises raisons, que je ne daigne pas vous en parler davantage ; d'autant plus que je ne devine pas sûrement les personnes que l'Auteur a cachées.

Nous voici à la fin du Livre où l'Auteur nous dit qu'il a assez fait connoitre que Molière ne vivoit pas en bonne intelligence avec sa femme. Il a raison, puisque par tout ce qu'il nous a dit, j'ai compris aisément que la Molière étoit une coquette outrée ; qu'elle causoit continuellement du chagrin à Molière, et qu'il ne pouvoit la ranger à son devoir à cause de son humeur volontaire. Cependant l'Auteur se plaint que l'on ait fait de mauvaises histoires sur son compte ; et il attaque effrontément sur cela l'Auteur du Dictionnaire critique, pour donner plus de poids à son ressentiment. Mais qu'a-t-on tant dit contre Molière et sa femme ? Rien autre chose que ce que l'Auteur nous en a débité ; à la vérité, avec beaucoup plus de politesse et de précaution. Il ne falloit point tant se récrier pour si peu de chose.

Si Molière, selon notre Auteur, n'étoit ent à travailler, que parce que les visites des Grands Seigneurs et de ses Amis, qui *étoient fréquentes, l'interrompoient dans son travail, pourquoi cet Auteur ne nous a-t-il pas donné ce qui se passoit entre ces Grands Seigneurs, ces Amis et Molière? Nous aurions sa vie, puisqu'il a plu à l'Auteur d'essayer de nous la donner. Ces Messieurs-là n'alloient chez Molière, que pour faire valoir son esprit ; et ce que disent de Grands Seigneurs et des Amis choisis, doit être agréable. Mais l'Auteur ne l'a pas sçu apparemment, et il a mieux aimé faire un Livre plus court et ne point mentir : et moi je serois fort aise qu'il eût inventé de bonnes choses, pour me dédommager de ses vlates véritez.*

Il nous fait un long narré de la mort de Molière, comme si nous étions ses petits parens, qui voulussions en sçavoir jusqu'aux plus basses circonstances. Les bouillons de la Molière, son oreiller, le fromage de Parmesan, relèvent beaucoup le mérite de ce grand Homme. Oh! je ne dis tout cela, dit l'Auteur, que pour ôter au Public le préjugé qu'il a sur la mort de Molière. Et bien, il n'y avoit qu'à dire qu'il ne mourut point sur le Théâtre, c'en étoit assez ; on l'auroit cru sans ces particularitez ridicules. Il faut bien qu'on le croye sur le reste, dont il ne dit pas la moitié de ce qu'il faut dire ; par exemple, sur son enterrement dont il auroit eu de quoi faire un volume aussi gros que son Livre, et qui auroit été rempli de faits fort curieux, qu'il sçait sans doute. Car pour être mystérieux avec esprit, comme l'Auteur, il faut sçavoir toutes les circonstances des faits que l'on rapporte. Pour moy, je n'en juge que par le bruit public ; on accuse l'Auteur de n'avoir pas dit tout ce qu'il devoit, ou du moins tout ce qu'il pouvoit dire : et dès que je suis prévenu sur cela, je ne sçaurois être content de l'Auteur, qui devoit tout dire, ou se taire. Il a manqué à ce qu'il devoit à la vérité, comme Historien, dès qu'il a supprimé des faits ou des circonstances.

Voilà, Monsieur, mon sentiment sur la Vie de Molière. Je ne suis point entré dans une Critique exacte du Livre ; je vous ai dit seulement ma pensée. D'autres Critiques plus chagrins que moy, y auroient peut-être plus trouvé à redire que je ne l'ay fait : mais persuadé que je suis, que les sentimens ne sont jamais généraux sur le bon ou le mauvais d'un Ouvrage, je ne voudrois pas répondre que ce Livre n'eût son mérite pour le plus grand nombre ; il est amusant pour les *gens qui se contentent de lire sans réflexion. Il y a des noms en blanc; on s'occupe à les deviner; cela suffit pour faire dire : Voilà un Livre excellent, pour exciter la curiosité, pour faire admirer l'ordre et le stile. En ce cas, l'Auteur aura eu raison, et moy, j'auray eu tort de le reprendre. Cependant, débarrassé de tout préjugé, j'ay cherché la Vie de Molière telle que l'Auteur nous la promet au commencement de son Livre, je ne l'ai point trouvée, le Livre ne m'a point plu. Je me suis rabatu sur l'expression au défaut de la matière; celle-là m'a paru trop hardie pour un Auteur qui n'est point en droit de s'écarter de la voye commune. J'ay vu de plus que les avantures qui offusquent la Vie de Molière, en défiguroient quelques traits sérieux assez passablement touchez. Je crois néanmoins que le tout ensemble a coûté à l'Auteur; il a travaillé son Ouvrage avec autant de soin que si c'étoit la Vie d'un Héros, à quelques endroits près, qui sont un peu négligez.*

Mais, Monsieur, comme je ne veux point m'attirer les traits d'un Auteur en colère, je vous prie que cette Lettre soit de vous à moy; car s'il en a connoissance, il ne se tiendra jamais de me commettre dans le

public pour son honneur, et je sérois très-
fâché que lui ou moi nous eussions tort publiquement. Ainsi soyez fidelle à notre amitié; car j'aurois peut-être bien de la peine à
me retenir, si l'Auteur me maltraitoit par
une Réponse; et nous pourrions donner aux
Gens de Lettres des Scènes qui tourneroient
à notre confusion. Je suis, etc.

FIN DE LA LETTRE CRITIQUE

ADITION
A LA VIE
DE MONSIEUR
DE MOLIERE,
CONTENANT
UNE
REPONSE
A LA CRITIQUE
Que l'on en a faite.

A PARIS,
Chez { Jacques le Febvre, dans la grand'-Salle du Palais, au Soleil-d'Or.
ET
Pierre Ribou, proche les Augustins, à l'Image Saint Loüis.

M. DCCVI.
AVEC PRIVILEGE DU ROI

Le privilége est au nom de Jean-Leonor le Gallois, sieur de Grimarest, et l'approbation de Saurin, du 9 décembre 1705.

ADDITION
A
LA VIE DE
MONSIEUR DE MOLIÈRE
CONTENANT UNE
RÉPONSE A LA CRITIQUE
QUE L'ON EN A FAITE

Dès que la Vie de Mʳ de Molière a paru, on m'a menacé de la critiquer. Un petit Auteur, étouffé dès sa naissance, vouloit avec ingratitude faire son coup d'essai sur mon Ouvrage : mais la Critique qui m'occupe est au dessus de sa portée; ce n'est point lui qui m'attaque.

Le Provençal d'autre-fois, et le Grand'-homme d'aujourd'hui, au dire de l'Auteur de la Critique, m'a donné des soupçons; mais ce n'est pas un homme assez du commun pour relever les égaremens d'un petit Auteur.

La Compagnie (c'est ainsi que M&rsup;rs les Comédiens appellent leur Corps présentement) n'a point, ce me semble, d'Auteur critique aussi délié que celui qui me reprend.

Le nom du Libraire qui débite ce petit Ouvrage, m'a fait soupçonner qu'une plume acoutumée depuis longtems au travail, auroit voulu à mes dépens procurer quelque petit profit à son Libraire, sous le nom de Molière, qui rapelle assez son Lecteur. Mais le stile de la Critique est aisé ; il n'est point raboteux ; je n'y reconnois point l'Auteur qui m'avoit d'abord causé des soupçons.

J'avoue que je suis dépaysé, j'ignore celui à qui j'ai affaire. A moins que ce ne soit quelque Avocat désœuvré, que j'ai lieu de soupçonner, et qui pour se dédommager de son loisir, n'ait voulu faire connoître au Public qu'il étoit homme de discussion, et de discernement. Mais tel que soit mon Adversaire je lui suis très-obligé de tout le bien qu'il dit de moi ; j'ai pourtant remarqué un peu de vivacité dans sa Critique ; et j'ai bien de la peine à croire qu'il m'attaque de sang froid. C'est un Censeur à craindre; il insinue ses sentimens avec adresse, il y a du tour dans son expression; mais je ne conviens pas qu'il pense toujours juste. Ainsi il trouvera bon que je le fasse connoître au Public par ma Réponse. Je me flate même que mon Censeur y apprendra des choses qu'il ignore, tout assuré qu'il paroît à porter son jugement.

Je dis plus, je me suis imaginé que son Ouvrage n'est qu'un ramassis des diférens sentimens que l'on a répandus sur mon travail; si tout étoit parti de son génie, il y auroit peut-être plus d'ordre, et moins de contradiction dans sa Critique. Il a entendu ce Peintre, dont tout le mérite est renfermé dans la main, s'écrier dans ces lieux où l'on s'assemble pour étaler son bel esprit : « Ce n'est point là Molière; il a » eu du commerce avec toute la Cour; » l'Auteur ne nous en dit rien. » Mon Censeur a mis cela sur ses tablettes pour me le reprocher.

D'un autre côté cet Avocat, qui ne connoît que le langage gothique de sa famille et de ses paperasses, et qui ignore celui de la Cour et des bons Auteurs, a donné matière à mon Critique, pour ataquer mon stile. Il a saisi les plaintes des Comédiens, qui se sont cru offencez de l'éfronterie que j'ai eue d'ataquer leur Jeu et leur Profession. Il a répété d'après eux que j'ignorois les principes de leur Art, et que ce n'étoit pas à moi à en parler si légèrement. Enfin mon Censeur a fait un petit magazin de bonnes et de mauvaises choses que l'on a dites contre mon Livre, pour en former sa Critique. J'y vais répondre pour ôter au Public la prévention que des termes vifs et bien placez pourroient lui donner contre mon Livre.

Mon Censeur s'étonne que j'aie intitulé mon Ouvrage, *La Vie de Mr de Molière*. « Un Comédien », dit-t-il, « peut-il être » apellé *Monsieur*, que par des Domestiques, » ou par le menu Peuple ? Sa profession est » ignoble. L'Auteur ignore le cérémonial. » Si mon Censeur avoit dit que l'on étoit acoutumé à ne point donner du *Monsieur* à Molière; que j'aurois bien fait de suivre l'usage; et que ce n'est point par mépris pour cet illustre Auteur que cet usage s'est établi; j'aurois passé condamnation de cette Critique. Mais ce n'est pas là le sentiment de mon Censeur : je suis donc obligé de lui dire que je n'ai point fait la Vie de Molière, comme Comédien, mais comme Auteur : et le mérite qu'il s'est acquis par ses Ouvrages exige de l'estime; c'est à ce sentiment qu'il faut s'en tenir pour rendre ce que l'on doit à sa mémoire. Quel est l'Auteur de son tems que l'on n'apelleroit pas Monsieur en fesant sa Vie?

Mais bien plus : mon Censeur, qui insulte Molière et l'Auteur de sa Vie par des termes un peu trop forts, ne sçait pas aparemment qu'il n'y a point d'Auteur, pour peu sur tout qu'il se soit rendu recommandable, que l'on ne traite de *Monsieur*, quand on parle de lui dans un tems peu éloigné de celui où il a vécu, et que ses enfans vivent encore. C'est une règle de politesse que l'on pousse même jusqu'à un siècle. Et si dans ces derniers tems il s'est glissé une espèce de rusticité dans les conversations, en apellant séchement par leur nom ceux à qui l'on doit de l'estime ou du respect, doit-on trouver mauvais que dans l'impression je me sois écarté de cette rusticité?

Quand bien même j'aurois pris Molière comme Comédien, quel mal aurois-je fait de l'apeller *Monsieur?* c'est un cérémonial bien établi présentement chez M^{rs} les Comédiens Auteurs. Ne lisons-nous pas, *Les Œuvres de Mr Poisson, Le Théâtre de Mr Dancour, etc.*? Après cela peut-t-on refuser le *Monsieur* à Molière? Nous ne sommes plus dans le tems où l'on intituloit modestement, *Les Œuvres de Jean un tel.*

Il est vrai que je traiterai également de *Monsieur* le Grand Seigneur et Molière, sans croire m'écarter des règles. La vertu et le mérite sont de toute profession, je les honore avec respect dans l'homme de qualité, et avec estime dans celui qui est d'une naissance commune. Ce seroit une étrange chose que Molière eût éfacé son mérite par la sienne et par sa profession. Enfin il suffit que ç'ait été un Auteur illustre, et qu'il ait été honoré de l'estime et des bienfaits du Roi pour justifier les égards que j'ai eus pour lui.

Mais faut-t-il que je fasse remarquer à mon Censeur que c'est lui-même qui ne sait pas le cérémonial? Puisqu'il ignore que quand on fait parler le Roi personnellement, on ne donne la qualité de *Monsieur* à personne qu'à ceux à qui sa Majesté veut bien la donner, à cause de l'élévation de leur naissance, ou de leur dignité. Et je pourois me récrier contre mon Censeur de ne pas mettre de la différence entre un Privilége, où le Roi parle définiment et en Maître, et le titre. d'un Livre qui n'est déterminé pour personne en particulier.

Je passe à un article qui m'intéresse davantage, c'est mon stile, que l'on ataque d'une grande force. « Je suis un Auteur qui
» m'emporte; je hazarde; tout terme, toute
» expression m'acommode pour me faire en-
» tendre. Suis-je de l'Académie pour écrire
» si hardiment? » Si mon Censeur, qui parle de cette sorte contre moi, avoit fait ses lectures avec atention, s'il avoit du commerce, il auroit remarqué que je n'ai rien hazardé. La noblesse et le choix des termes, et des expressions, la netteté, la *concision*, sont des principes, que je tâche de ne point perdre de vue, comme les moyens les plus assurés d'atacher le Lecteur. A observer trop rigoureusement la pureté de la Grammaire, à s'en tenir aux expressions communes, à préférer toujours le propre au figuré, on rend bien souvent une lecture languissante; on ne réveille point le Lecteur. J'avoue qu'un long et fréquent usage de la langue me fait quelquefois sortir du chemin batu; mais il me semble que je le fais avec précaution, et dans les ocasions, où ce que je hazarde re-

lève le sentiment que j'exprime. La langue
Françoise est aujourdui de tous les Pays, de
toutes les Cours étrangères ; et l'on ne sauroit se donner trop de soins pour la perfectionner ; de manière qu'elle soit toujours
préférée, comme la plus propre pour s'ex-
primer naturellement. En Allemagne, en
Dannemarc, en Suède, en Pologne, le commerce d'amitié, de politesse, de galanterie,
d'affaires même, s'entretient en notre langue.
Les Princes se font un plaisir de parler
François ; leurs Ministres, Envoyés dans de
diférentes Cours, ont leur correspondance
en François ; c'est une langue universelle.
Et il est à notre honte que les Étrangers
aient plus d'atention que nous à y trouver
des beautez, dont on nous interdit la recherche par des Critiques continuelles dès que
quelque Auteur s'écarte un peu du stile
commun et populaire. Si cet Auteur n'a un
nom, ou une place qui impose silence, aussi
tôt une foule d'ignorans s'élève contre lui :
leur malignité va si loin, que quand une
expression heureuse les choque, parce qu'elle
est nouvelle pour eux, quoique receue et
employée depuis long tems, ils condamnent
tout l'Ouvrage. De sorte que les Auteurs,
plus jaloux de la matière, que du stile,

aiment mieux faire un bon Livre exprimé
foiblement, que de risquer de lui donner la
grace et le feu qu'il pourroit avoir par un
stile choisi. J'ai cru que je pouvois sortir
de cette circonspection servile, et qu'assuré
par de longues observations, je pouvois placer
quelques termes, et quelques expressions;
sur tout dans une matière, où j'avois
beaucoup de choses à ménager, pour n'en
pas rendre la lecture désagréable.

Les Caractères, les Conditions, les Matières
ont leurs termes: le Courtisan ne parle
point, comme le Bourgeois; l'homme d'esprit,
comme l'homme commun ; on ne rend
point une avanture avec le stile du sérieux.
Tout cela forme de diférens langages que
mon Censeur n'a point encore étudiés, et il
a pris pour égarement ce qui lui a paru
nouveau.

Je ne puis m'empêcher de relever ces termes,
est-il de l'Académie ? Non je n'en suis
point, et je ne crois pas que jamais je mérite
d'en être. Mais a-t-il été interdit par
quelque ordonnance, à tous ceux qui ne
sont pas de l'Académie, de cultiver la langue,
de débarasser le stile de ces ornemens
étrangers qui le rendent confus, d'éviter l'École,
d'imiter la Nature, et même de hazar-

der un terme, une expression, si elle relève le sentiment, ou la matière ? Je ne pense pas que ce soit une nécessité d'être de l'Académie pour choisir le meilleur, dont jusqu'à présent on ne nous a point donné de règles assurées. Je suis donc en droit de le chercher, comme un autre. Et si je me fais bien entendre au propre ou au figuré ; de manière que je conserve les caractères, et que j'évite le languissant, le bas, et le superflu, je m'embarasse peu que l'on me reproche la singularité. Car je déclare à mon Censeur que je ne suis nullement scrupuleux, et que s'il se présente un terme expressif, qui m'en épargne plusieurs, je l'emploie avec assurance, quand il a passé dans les conversations des personnes qui parlent bien. *Concision*, dont je me suis servi au commencement de cet article, ne sera pas sans doute du goût de mon Censeur ; mais lui-même qui se tient si fort à l'antique n'a-t-il rien hazardé dans sa Critique ? Et s'imagine-t-il que l'on eût dit du temps de François Premier, *je me suis rabatu sur l'expression*, pour *j'ai cherché ma satisfaction dans son stile* : que l'on eût employé *les avantures qui offusquent la vie de Molière* pour dire, *qui empêchent que l'on ne trouve ses actions et ses sentimens* ; que l'on eût hazardé *s'écarter de la voie commune*, pour signifier *ne pas suivre les règles ordinaires du stile ?* C'est pourtant là du nouveau, que mon Censeur a peut-être lâché par contagion, et qui me fait bien entendre qu'il ne m'a repris que par passion, ou de commande : ou il me permettra de lui dire qu'il ne sçait pas distinguer l'ancien d'avec le nouveau, le hazardé d'avec le reçu dans le stile. Je me récrierai toujours contre ces Juges, qui n'aïant qu'une légère connoissance de la langue, s'imaginent que ce qui n'est pas à leur goût et à leur portée, n'est pas bon : et que toutes sortes de sujets peuvent être traitez d'un stile général.

Mon Critique ne vouloit point d'avantures dans la Vie de Molière ; elle en est offusquée ; cela lui ôte, dit-il, la suite des Ouvrages de cet Auteur, qui touchent le plus les Gens de lettres. Je n'ai pas écrit seulement pour ces M⁻ là ; mais pour le Public qui veut avoir tout ce qu'on peut lui donner. Cette Critique est un sentiment particulier, qui en vérité ne mérite aucune atention. Et même je suis seur que si je n'avois point mêlé mon Ouvrage, mon Censeur auroit esté le premier à se récrier, et à dire : *Oh !*

l'ennuyeux livre! Molière a eu des avantures, il falloit nous les donner, elles nous auroient divertis. Mais le Critique n'en veut point, quand on les lui présente : il fait l'homme grave, quand on veut l'égayer. Molière ne l'intéresse pas dans son Domestique ; et avec un air de diférence, il dit qu'il se seroit bien passé de sa vie, puisqu'elle ne touche point l'État. Je ne sçai si le Public recevra ce sentiment ; mais il est, ce me semble, bien méconnoissant. Nous souhaittons toujours connoître ceux qui contribuent à notre satisfaction, cette curiosité est une espèce de reconnoissance que nous devons aux Personnes de probité et de mérite. Tout petit qu'étoit Molière par sa naissance et par sa profession, j'ai rapporté des traits de sa vie que les Personnes les plus élevées se feroient gloire d'imiter ; et ces traits doivent plus toucher dans Molière que dans un Héros.

« Mais c'est cela même dont je me plains, » dit mon Censeur : « vous ne m'avez point
» donné le beau de Molière ; vous me l'avez
» représenté comme un homme fort commun, par de petites avantures qui ne sont
» bonnes qu'à amuser de petits Lecteurs. Ce
» n'est point là Molière ; il a eu des Scènes
» à la Cour : pourquoi ne pas nous en faire

» part ? Pourquoi aussi ne nommez vous
» pas les Personnes que vous mettez en ac-
» tion avec lui ? »

J'ai représenté Molière dans son beau,
comme dans son mauvais ; mais j'ai jugé à
propos de faire paroître ses situations et ses
sentimens, par ses actions, pour atacher d'a-
vantage ceux qui lisent. L'avanture du Vieillard dans les *Précieuses*; celle du Chasseur
dans les *Fâcheux* sont de fortes marques de
l'estime que la Cour et le Peuple avoïent
pour lui. On doit reconnoître son penchant
à faire du bien dans tout ce qui se passe
entre la Raisin, Baron, Mondorge, et Lui
Sa fermeté paroît dans le temps que la Maison du Roi voulut se conserver le droit d'entrer à la Comédie sans paier ; son atention
au succès de ses pièces dans celle de Dom
Quixote, et dans l'avanture de Champmêlé.
On remarque sa présence d'esprit, lorsque
ses amis voulurent se noyer à Hauteuil, et
qu'il racommoda Mr de Chapelle avec son
Valet. On voit les égards qu'il avoit pour
les Personnes élevées, dans la Scène du Courtisan extravagant. Il fait voir sa sincérité
dans celle du jeune homme qui vouloit se
faire Comédien ; et ainsi de tous les autres
faits que j'ai raportez, et qui font connoître

Molière dans son véritable caractère. Si mon Censeur ne s'en est pas aperçu, ce n'est point ma faute ; et s'il s'imagine que je n'ai raporté tous ces traits que pour faire rire, il se trompe fort.

Je lui avoue que j'ai eu intention de ne point nommer quelques personnes, et que j'ai passé légèrement sur de certains faits. Et c'est là justement la Cour que mon Censeur demande avec tant d'empressement. Mais à ma place il en auroit fait autant que moi ; il a lui-même eu du ménagement avec moins de raison, comme je le ferai remarquer dans la suite. Quand même on me l'auroit permis, ce que je ne supose pas, il ne me convenoit point d'exposer au Public des Personnes de considération à qui je dois toutes sortes d'égards. Mais que mon Censeur lise mon Ouvrage encore une fois, il y trouvera plus de choses qu'il ne s'en est présenté à son imagination à la première lecture ; et aux noms près, que je ne lui donnerai point absolument, il verra que la Vie de Molière est plus rassemblée qu'il ne pense.

J'aurois suffisamment satisfait par cette Réponse à la Critique que l'on a faite de mon Livre, si je n'avois affaire à un Censeur difficile, du moins il me paroît tel. Il m'a ataqué en détail; je vais lui répondre de même.

Ma probité n'est pas assez bien établie chez lui, mon exactitude lui est trop suspecte, pour croire que je lui aie donné la vérité. Mon Ouvrage est broché d'après des Mémoires de Mʳ le Baron : donc il est mauvais ; donc il n'est pas véritable. La plaisante et injurieuse conséquence ! A-t-on jamais exigé d'un Historien des actes autentiques, des témoins juridiquement entendus, pour prouver ce qu'il avance ? A qui dois-je m'en raporter qu'aux personnes qui ont vu, connu, et fréquenté Molière ? Et quelle certitude puis-je donner des soins que j'ai pris, pour découvrir la vérité des faits, que mon honneur et ma réputation ? Que cet Auteur informe donc de mes mœurs avant que de me condamner. Mais il se contredit à la fin de sa Critique. « Je crois, dit-il, que le tout en-
» semble a coûté à l'Auteur; il a travaillé
» son Ouvrage avec autant de soin que si
» c'étoit la Vie d'un Héros ». Je ne l'ai donc pas broché, comme il le prétend dans un autre endroit.

« Mais », ajoute-t-il, « Baron est son ami ;
» seurement il a part à son Ouvrage : il le
» loue trop légèrement ; et il insulte trop les

» autres Auteurs Comiques pour n'en être
» pas persuadé. » Donc encore mon Ouvrage
est mauvais et suspect. En vérité peut-on
raisonner avec si peu de retenue pour deux
personnes qui n'ont rien fait à ce Censeur?
Après cela, dois-je prendre pour sincères les
louanges qu'il me donne en d'autres endroits?

Et bien soit, je suis ami de Baron : j'ai
cela de commun avec beaucoup d'honnêtes
gens, et de personnes de considération. Je
passe encore à mon Censeur que Baron m'ait
donné des mémoires. Mais à qui aurois-je pu
mieux m'adresser qu'à lui, pour connoître
Molière ? Il a toujours été avec lui. Mon Critique a-t-il des preuves convainquantes de la
mauvaise foi de Baron, pour douter de ce
qu'il peut m'avoir dit sur Molière ? Mais
je lui déclare que Baron n'a pas plus de part
à mon travail que plusieurs autres personnes dignes de foi, qui m'ont fourni des mémoires.

Mais vous insultez Dancour, et plusieurs
autres Auteurs, ajoute mon Censeur, d'avancer hardiment que depuis Molière, personne
n'a mieux soutenu le Théâtre Comique que
Baron. Si c'est là faire insulte à ces Messieurs,
qu'ils me donnent de leur façon deux pièces

égales à la *Coquette*, et à l'*Homme à bonnes fortunes*, je leur ferai réparation ; qu'ils me montrent deux traductions comiques aussi bien acommodées à notre Théâtre que l'*Andrienne*, et les *Adelphes*, je passerai condamnation de leurs plaintes. Mais, réplique mon Censeur, ces *Adelphes* sont tombés. Et bien je le veux, il est bien tombé d'autres Pièces excellentes. Le *Misantrope*, l'*Avare* de Molière ont éu le même sort dans un tems où l'on alloit en foule au spectacle. Et à suivre la règle de mon Auteur, si les Journaux ne lui imposent point pour juger d'un Ouvrage, le Public ne m'impose point aussi pour juger d'une Pièce de Théâtre. Son goût dégénère tous les jours : acoutumé depuis quelque tems à des traits grossiers, il n'est plus susceptible de délicatesse. On juge aujourd'hui avec prévention, avec caprice, avec ignorance. On voit avec empressement un Ouvrage assez commun ; on aplaudit foiblement à un meilleur, on le néglige. Je n'ai point jugé des *Adelphes* par l'évènement ; son quatrième acte m'auroit fait passer sur bien des défauts. Ainsi lorsque j'ai dit que Baron étoit celui des Auteurs qui avoit le mieux soutenu le Théâtre Comique depuis Molière, j'ai dit ce que j'ai pensé, et ce que je pense encore sans préjugé ; et je ne trouve point mauvais qu'un autre soit d'un sentiment oposé, comme le fait mon Censeur.

Sa Critique sur les paroles du grand père de Molière ne mérite pas que je la relève ; il se seroit bien passé d'appeler étourderie la chose du monde la plus innocente et la plus commune. Mais je le dis encore, il me reprend avec dessein, puisqu'il me conteste les faits les plus connus, lorsqu'il dit que Monsieur le Prince de Conti ne voulut point faire Molière son Secrétaire, et qu'il avance que l'avanture des personnes qui voulurent se noyer à Hauteuil ne peut être vraie.

Pourquoi Monsieur le Prince de Conti n'auroit-il pas voulu employer Molière dans son cabinet? N'avoit-il pas le mérite nécessaire pour cet emploi? Le Prince trouvoit d'ailleurs dans Molière d'autres bonnes qualitez qui lui auroient donné de la satisfaction et du plaisir; c'en étoit assez pour le choisir. La profession de Comédien ne ferme point la porte aux emplois honorables, comme mon Censeur se l'imagine. On voit aujourd'hui un Comédien ocuper une des premières et des plus importantes places auprès d'un Prince. N'en avons nous pas vu devenir Ingénieurs ? Cette profession n'étoit donc pas un obstacle à l'honneur qu'on vouloit faire à Molière. Et d'ailleurs le choix d'un Prince efface tout.

Mon Auteur me reproche sans atention de la contradiction dans cet endroit. Molière selon lui ne connaissoit pas assez la Cour pour refuser avec de si bonnes raisons l'emploi qu'on vouloit lui donner ; c'est l'Auteur qui parle en sa place. Je suis très-fâché que mon Censeur ait si peu réfléchi ; j'aurois plus d'honneur de me deffendre contre lui. Car peut-il n'avoir pas remarqué que Molière avoit depuis long-tems entrée chez les Grands ? Il avoit une Charge et une Profession qui la lui donnoient : il avoit fait le voyage de Narbonne à la suite de Louis XIII. En voilà bien assez pour connoître la Cour ; et je doute que mon Censeur la sçache aussi bien que Molière la savoit dès ce tems-là. Mais mon Critique n'y pense pas : croit-il de bonne foi que j'aurois hazardé des faits de cette nature, sans en être bien informé ? Il me permettra de le dire, il a fait son petit Ouvrage un peu légèrement. A l'entendre parler, je suis un étourdi, un présomptueux, un imprudent. Et moi je le trouverois fort sage s'il n'avoit rien dit.

A l'égard de l'avanture d'Hauteuil, qu'il

prenne la peine d'aller dans ce vilage, il y trouvera encore de vieilles gens qui en ont été les témoins ; et qui lui diront que les Acteurs de cette avanture étoient des personnes de qualité qui vouloient se noyer de compagnie avec Mʳ de Chapelle, et avec un quatrième dont le nom ne mourra point chez les gens de plaisir.

« Je rencontre encore, » dit l'Auteur de la Critique, « une contradiction dans la Vie de
» Molière. L'Auteur lui fait dire en Langue-
» doc qu'il est passable Auteur : il lui fait
» souhaiter de venir à Paris, parce qu'il se
» sentoit assez de forces pour soutenir un
» Théâtre Comique : et lorsqu'il y est, il se
» défie de lui mal à propos, puisque c'est
» après avoir plu au Roi. »

Mon Censeur prend avantage de tout, il ne néglige rien pour m'ataquer : je ne le trouve pourtant pas plus fort en cette ocasion que dans les autres ; car seurement il n'y a point de contradiction dans les paroles et dans les situations de Molière. Il sçavoit par son expérience que le Public de Paris n'étoit pas aisé à gagner dans un tems, où il y avoit des Auteurs et un goût pour lesquels il étoit prévenu. Il sçavoit que ce Public ne jugeoit pas avec autant de discernement que Sa Majesté. Il avoit à soutenir la réputation qu'Elle lui avoit déjà établie par son approbation : trois raisons qui devoient également donner de l'inquiétude à Molière. D'ailleurs nous avons toujours beaucoup de suffisance pour tout entreprendre ; mais au moment de l'exécution nous tremblons naturellement. Molière se trouva dans cette situation à l'instant qu'il eut à établir sa réputation, ou à la détruire par son coup d'essai. Où est donc la contradiction dans cet endroit de mon Livre ? Au contraire j'y trouve, ce me semble, la nature à découvert.

Mon Censeur fait ce qu'il peut pour me faire des ennemis. Il me commet avec les Auteurs, avec les Comédiens. Mais avant que de l'essayer il devoit plus observer mon expression ; car je n'ai point dit qu'avant et après Molière les Auteurs n'avoient donné que de mauvais Ouvrages. Voici mes termes : *Courage, courage, Molière,* s'écria ce Vieillard, à la représentation des *Précieuses, voilà la bonne Comédie. Ce qui fait bien connoître que le Théâtre Comique étoit alors négligé : et que l'on étoit fatigué de mauvais ouvrages avant Molière, comme nous l'avons été après l'avoir perdu.* Mon expression n'exclud point, comme celle de mon Censeur, les bonnes pièces de ma proposition. Je parle indéfiniment des mauvaises, qui sont en assez grand nombre, pour que je puisse m'en plaindre, sans nommer les Auteurs : et je m'en raporte sur cela au jugement du Public, quoique nous ne soyons pas toujours d'acord sur cet article.

L'Auteur de la Critique est du moins autant ami des Comédiens, qu'il prétend que je le sois de Mʳ le Baron; il s'épuise pour les défendre, comme si je les avois ataqués personnellement. Mais ne trouvera-t-on point étonnant que mon Critique, qui paroît avoir de l'esprit, s'efforce d'abaisser Molière par sa naissance, par sa profession, par sa conduite, et par ses sentimens; qu'il méprise Baron, qu'il en veuille à sa sincérité, deux hommes illustres cependant chacun en son genre; et qu'il prenne si fortement le parti des restes de leur troupe? Comment! à lire les expressions de mon Censeur; quand j'aurois parlé peu respectueusement d'une Compagnie supérieure, je ne serois pas plus criminel! Mais j'ai dit, que Molière ne reconnoîtroit pas ses Pièces dans le jeu d'aujourd'hui. Et bien soit, je l'ai dit, je ne m'en dédis point : c'est le sentiment du Public; c'est celui même de chacun des Comédiens en particulier; peut-

on m'empêcher de dire que c'est aussi le mien? « C'est bien à vous », ajoute mon Censeur, « à parler de ce métier là; vous
» qui sur ma parole en ignorés les princi-
» pes, quoique dans votre Livre vous nous
» ayez étalé fastueusement de grands mots,
» pour nous faire entendre que vous y étiez
» un habile homme. Cette Profession »,
dit-il encore, « a-t-elle d'autres règles, que
» le bon sens, une belle voix, et de beaux
» gestes? »

Et c'est justement cela dont je me plains: point de bon sens, point de voix, point de gestes, point de conduite dans le jeu d'aujourd'hui. Mais avant que j'entre dans le détail de ma proposition, je déclare que je n'en veux qu'à l'Acteur en général; et que je sais distinguer, et celui qui exécute bien, et même les jours qu'il doit être applaudi, et les rôles qui lui conviennent.

Je répons donc avec assurance à mon Censeur qu'il n'entend point cette partie de la Rhétorique qui regarde l'action, de la manière dont il en parle; et je veux bien l'instruire, pour repousser son insulte.

Le Comédien doit se considérer comme un Orateur, qui prononce en public un discours fait pour toucher l'Auditeur. Deux parties essentielles lui sont nécessaires pour y réussir : l'accent et le geste. Ainsi il doit étudier son extérieur, et cultiver sa prononciation, pour savoir ce que c'est que de varier les accens, et de diversifier les gestes à propos, sans quoi il ne réussira jamais. D'où vient que nous voyons des Acteurs, qui semblent tranquiles, quand ils contestent; en colère, quand ils exhortent; indifférens quand ils remontrent; et froids quand ils invectivent ? C'est là ce qu'on appelle communément, ne pas savoir, ne pas sentir ce que l'on dit; n'avoir pas d'entrailles.

Je conviens qu'une voix sonore, et une flexibilité de corps, que nous tenons de la nature, donnent un grand avantage à l'Acteur. Mais il y a des règles pour les conduire, selon les parties qui composent la Pièce, selon les passions qui y règnent, selon les figures qui l'embellissent, selon les personnages qu'on introduit sur la scène. Que l'Acteur lise les préceptes qu'on nous a donnés sur la déclamation, qu'il les exécute, il touchera le Spectateur. Il ne m'est pas permis de faire un Livre pour les lui détailler, j'ennuyerois mon Lecteur : mais je puis reprocher à mon Censeur qu'il ne les connoît pas, puisqu'il n'a point remarqué que la plupart des Comédiens ne les observent point. On trouve presque toujours au spectacle les rolles mal distribués : des voix ingrates qui ne peuvent fournir dans les mouvemens; de glapissantes, dès qu'elles s'élèvent ; de foibles, qui ne se font point entendre; de trop claires, qui n'imposent point, et qui ne peuvent varier dans la passion; des Acteurs qui sans raison précipitent leur voix, par hémistiche, et qui font perdre la moitié de ce qu'ils disent : défaut qui s'est glissé au Théâtre depuis quelques années. Peu atentifs à leur jeu, ils expriment souvent l'emportement, comme la tendresse; le récit, comme le commandement : en un mot ils ne daignent pas sortir du ton qui leur est naturel pour entrer dans la passion. Ils ne négligent pas moins leurs gestes. Il y en a qui en ont de lents, d'autres de précipités; quelques-uns en ont de rudes, quelques autres d'affetés, et souvent mal ménagés, faute d'étudier le sens de l'Auteur. Toute leur science, disent-ils, est de bien observer la ponctuation. Mais avons-nous des points pour toutes les passions, pour toutes les figures ? Nous ne connoissons que les points fermés, les points d'admiration, et ceux d'interrogation. Ils ne suffisent pas même pour la lecture.

Un bon Acteur doit scrupuleusement observer la quantité; mais qu'il évite le chant avec soin. Il doit ménager son haleine; de manière qu'il ne la reprenne jamais dans un sens interrompu, afin de conserver l'atention du Spectateur. Qu'il la suspende en s'arrêtant à ces termes qui font les transitions et les liaisons, plutôt qu'à la ponctuation qui les précède; c'est un agrément qui a toujours son effet. C'en est un aussi de ménager à propos des silences dans les grands mouvemens, comme on le fait dans la musique. Le repos à la rime, ou à la césure, si la ponctuation n'y oblige, confond le sens de l'Auteur. Un Acteur ne doit point appuyer sur les termes, mais sur l'expression entière; et remarquer le mot qui détermine la pensée afin de l'élever un peu plus que les autres. On est désolé d'entendre des Acteurs qui poussent leur voix, comme des possédés, en prononçant, par exemple, un adjectif, et tomber du moins à l'octave en proférant son substantif : au lieu d'entraîner le Spectateur insensiblement, par degrés conjoints, s'il m'est permis de parler ainsi, jusqu'au terme qui doit lui

faire sentir la pensée que l'on exprime.
C'est là un des plus séduisants moyens de
toucher l'Auditeur; mais peu de personnes
savent l'exécuter. Il faut encore une grande
habitude pour donner à sa voix les inflexions
qui conviennent; une bonne poitrine, pour
la ménager; beaucoup de jugement, pour
découvrir le sens de l'Auteur; et donner, s'il
est possible, à son Ouvrage plus d'esprit
qu'il n'y en a voulu mettre.

Toutes ces observations, et les règles que
l'on trouve dans les livres qui ont traité de
la déclamation, exécutées grossièrement, font
le Comédien. Quand on les met en usage
noblement, avec facilité, avec délicatesse,
c'est ce qui constitue l'Acteur. Car je mets
une grande différence entre l'un et l'autre.
Celui-là anime son action, comme un Artisan commun fait son métier; celui-ci, maître de sa matière, donne à son jeu tout le
vrai, toute la délicatesse que la nature
exige.

Mais, diront quelques Lecteurs indifférens, voilà bien sérieusement répondu à une
foible Critique! On est aisément piqué,
quand on est traité d'ignorant: je n'ai pu
tenir contre l'envie que j'avois de faire retomber ce reproche sur mon Censeur.

Je souhaite en avoir assez dit pour qu'il puisse comprendre que les principes de l'Orateur, qui prononce en public, sont communs à la Chaire et au Théâtre; et qu'ainsi M* de Chapelle ne parloit point tout-à-fait comme un extravagant, lorsqu'il dit que le fils de l'Avocat, qui vouloit se donner au Théâtre, feroit un vol au public, s'il ne se fesoit Prédicateur, ou Comédien. J'avoue qu'il y a dans ces paroles un air de libertinage et d'impiété, qui révolte; se faire Prédicateur, ou se faire Comédien sont deux choses qui ne peuvent se mettre dans une même balance que par des gens qui n'ont aucun sentiment de Religion; mais cependant il ne laisse pas d'être vrai que la vue générale de ces deux professions si opposées, est la même : c'est de toucher celui qui écoute. Et c'est si bien la même exécution, qu'un bon Prédicateur doit exceller dans le récit d'une Pièce de théâtre; et ainsi du contraire, suposant à l'un et à l'autre une connoissance égale des principes, et les mêmes dispositions.

Mais, me dira mon Critique, votre Molière ne sçavait point tout cela; vous dites vous-même qu'il n'eut point de succès dans le tragique : et toutes ces belles règles que vous venez de donner ne conviennent point à l'Acteur Comique.

La Tragédie est une représentation grave et sérieuse d'une action funeste qui s'est passée entre des personnes élevées au-dessus du commun. Pour réciter cette action, il faut avoir la voix grave, noble, sublime ; et prononcer d'un ton proportionné à l'élévation des personnes qu'on met sur la Scène, et aux passions que l'on représente, ou que l'on veut inspirer. La nature avoit refusé à Molière les dispositions nécessaires pour ce genre d'action ; mais comme homme d'esprit et d'étude il en connoissoit les règles.

La Comédie est une représentation naïve et enjouée d'une aventure agréable entre des personnes communes ; à quoi tout auteur honnête homme doit ajouter la douce satire pour la correction des mœurs. Cette action demande une voix ordinaire, mais agréable, et un ton moins élevé, parce que la passion, le caractère, le sentiment qu'on exprime appartiennent à des personnes communes. Mais dans l'un et dans l'autre genre de déclamation, on observe les mêmes principes pour conduire sa voix et ses gestes. Molière pouvoit exécuter cette action, parce qu'elle étoit à sa portée, et il avoit l'art de la faire exécuter. *Molière,* dit Mr de Furetière, *savoit bien faire jouer ses Comédies.* Il y a donc de l'intelligence, des règles à faire représenter une Comédie ? Autrefois les Comédiens les recevoient des Auteurs qui leur confioient la représentation de leurs pièces ; mais aujourd'hui ces Auteurs seroient très-mal receus à leur donner l'esprit d'un rolle. J'ennuierois sans doute le Lecteur de pousser plus loin cette matière ; en voilà assez pour faire connoître que mon Censeur a eu tort de se récrier si fortement sur ce que j'ai dit du jeu d'aujourd'hui par rapport à celui d'autrefois.

On est surpris que Mr Racine dans ses commencemens, car dans la suite il ne l'auroit pas fait, s'engageât à fournir un Acte de Tragédie par semaine, et que Molière le lui eût demandé. Mais quand on fera réflexion que celui-ci connoissoit déjà les dispositions extraordinaires que Mr Racine avait pour la Poësie, qu'on lui donnoit un plan tout fait, qu'il n'avoit qu'à versifier, et que c'étoit un Poëte naissant plein de feu, on ne sera point étonné de ce que j'avance. Mr Scarron nous dit dans l'Épitre dédicatoire du *Jodelet Maître Valet,* qu'il ne fut que quinze jours à faire cette Pièce. Après cela doit-on s'éton-

-ner que l'on puisse faire un Acte en huit jours? Ou du moins qu'un jeune Poëte l'entreprenne?

L'Auteur de la Critique charge si souvent sur Baron, que je ne fais point de doute qu'il ne lui en veuille personnellement. Il prend de là ocasion de désapprouver l'Histoire de l'Épinette : Elle est, dit-il, hors de mon sujet. Eh! je l'ai dit avant lui ; j'ai demandé grace pour ce petit Épisode ; j'ai dit que je ne le donnois que parce qu'il me paroissoit plaisant. N'en est-ce pas assez pour me justifier ?

Le détail qui regarde Baron ennuie mon Censeur, ce sont des choses communes : Molière est petit avec Baron. Je conviens qu'à la première lecture faite sans réflexion, on peut me reprendre sur cet article; mais pour peu que l'on fasse atention que je n'ai raporté ces petites particularitez, que pour relever les grands traits qui les terminent, pour faire voir que Molière entroit dans le commun du commerce d'estime ou d'amitié, comme dans le plus sérieux : on ne me condamnera peut-être pas aussi sévèrement que l'a fait mon Censeur, qui tranche si fort du grand homme par la supériorité de ses expressions, que je doute que ses sentiments et sa conduite y répondent : mais il est peu d'acord avec lui-même : car tantôt il s'abaisse jusqu'à vouloir toute la Vie de Molière, il daignera la lire ; tantôt il n'en veut que les beaux traits, le reste le révolte ; tantôt il se déclare le Protecteur, le Panégyriste des Comédiens ; tantôt il ne veut point en entendre parler, ils sont au dessous de lui. Dans un endroit il me reprend de n'être pas sincère, de suprimer des faits ; dans un autre il trouve mauvais que je dise la vérité. Il auroit voulu que je n'eusse rien dit du mauvais ménage qui étoit entre Molière et sa femme, que je n'eusse parlé de Mr de Chapelle, que lors qu'il étoit à jeun : c'est-à-dire que mon Censeur auroit voulu l'impossible ; ç'auroit été sans raison tomber dans le défaut qu'il me reproche un moment après.

Je n'ai pas, dit-il, donné tout ce que je savois de la Comédie du *Tartufe;* on s'en plaint par tout. Mais lui qui en sait tant de choses, que ne les disoit-il ? Que ne recueilloit-il des Mémoires, pour me reprendre à bon titre ? je serois ravi qu'il eût informé le Public mieux que je ne l'ai fait. Mais je le vois bien, c'est ici que mon Censeur a de la prudence, malgré lui-même ; il n'a eu en veue que d'intéresser les autres, sans se commettre. J'ai dit sur cette Pièce ce que l'on devoit dire : et mon Censeur, qui étale souvent de si beaux sentiments, a mauvaise grace de me demander des traits de Satire, qui n'ont nulle apparence de vérité. Veut-il que je pénètre dans l'intérieur de Molière, pour savoir si Mʳ N. et Madᵉ N. sont les originaux du *Tartufe*? Est-il à présumer qu'il l'ait amais dit? « C'est le Public qui a fait son » aplication, donc la chose est vraie » : la conséquence n'est pas juste. Ces caractères généraux peuvent s'apliquer à tant de sujets, que l'on peut aisément se tromper. Je l'ai examiné avec plus de soin que mon Censeur, j'ai vu que cela étoit vrai.

En vérité je ne saurois comprendre l'Auteur de la Critique, je ne puis le définir. Il fait l'honnête homme, et il veut que de sang froid je nomme une personne, illustre, dit-il, aujourd'hui, qui chaussa autrefois Molière si étourdiment à l'envers. Ou l'Histoire qu'il nous fait de ce grand-Homme est vraie, ou elle ne l'est pas. Si elle est vraie, quel ornement son nom auroit-il donné à mon Livre, où je ne parle ni de Méchaniques, ni de Finances? Si elle ne l'est pas, c'eût été le calomnier, Mais la belle morale que mon Censeur débite à cette occasion, est inutile pour moi ; car je lui déclare que je ne connois point son Provençal, et que les rares qualitez qu'il lui donne me le font encore plus méconnoître ; car je m'en raporte beaucoup plus au jugement de Molière, qui étoit Connoisseur, qu'à tout ce que le Censeur nous dit de son Héros ; et pour lui faire voir que je n'y entends point finesse, qu'il le nomme, je veux bien être chargé de la confusion de l'avoir mis sur la Scène dans la Vie de Molière, suposé que je n'aie pas raporté la vérité.

Je lui en passe une très constante : je lui avoue de bonne foi que la défense du *Misantrope* est peut-être le meilleur Ouvrage de celui qui l'a faite ; mais le bon a ses mesures diférentes, suivant les personnes qui en jugent, et selon les rapports que l'on en fait. Mon Censeur compare cette défense si heureusement pour la faire valoir, que je ne puis disconvenir qu'il n'ait raison. Cependant il auroit pu se dispenser de faire tant de bruit pour si peu de chose ; je raporte un fait de la Vie de Molière ; je ne suis point garand de l'effet qu'il doit produire. Mon Censeur s'est fâché à cette ocasion ; il est aisé à irriter ; et je n'ai point d'autre satisfaction à lui donner sur cet article que de ne lui point répondre, c'est une question décidée dans le public depuis longtems.

A entendre parler l'Auteur de la Critique avec son ton décisif, on doit le prendre pour un bel esprit. La conversation de Bernier avec Molière est plate. Et bien j'ai eu intention de la faire telle pour peindre le travers d'un Voyageur, Philosophe bien plus. L'avanture du Minime l'a réjoui ; j'ai eu en vue de réjouir ; si je n'y avois pas réussi, ce seroit un sujet de me reprendre. Ce Censeur croit-il que j'aie travaillé sans dessein, et que j'aie atendu à m'en former un après le jugement du Public? Non, j'ai taché de prévenir le Lecteur par mes expressions, et de l'amener au sentiment qu'il devoit avoir sur chaque trait de la Vie de Molière. Je ne me plains point du succès. Mon Censeur, quelque sévère qu'il soit, me rend un peu de justice, mes fautes ne l'aveuglent point, il me donne des louanges qu'il ne m'est pas permis de répéter, mais dont je lui dois des remercimens si elles sont sincères ; car je lui avoue ingénument que je ne le crois pas de mes amis, et que sans l'impression, qui ne souffre plus d'invectives, il m'auroit encore moins ménagé.

L'amitié de Molière pour Chapelle l'étonne.

« Puisque celui-ci, » dit-il, « convenoit si peu à l'autre, pourquoi ne se séparoient-ils pas? Peut-on conserver une amitié si discordante? » Mais mon Censeur examine peu ; je suis toujours obligé de le dire. Il confond le bon cœur avec les manières. Celles de Chapelle et de Molière ne s'acordoient pas à la verité ; mais ils se connoissoient intérieurement pour des personnes essencielles et ils essayoient à tous momens de se convertir l'un pour l'autre. Combien voyons nous de gens qui s'aiment, et qui se grondent continuellement ! Il n'y a donc point là de quoi s'étonner, pour peu que l'on connoisse le monde. C'est même l'amitié bien souvent qui cause ces petites altercations familières, qui ne font que la réveiller. Je puis à mon tour reprocher à mon Critique que Baron lui tient trop au cœur. Comment ! il en parle plus souvent en mal, que je n'en ai parlé en bien ! Quelle mauvaise plaisanterie il en fait à l'ocasion de Chapelle ! Je trouve mon Censeur si petit en cet endroit que je l'abandonne au mépris du Public, sur cet article.

Il est fort éveillé sur tout ce qui peut abaisser mon Ouvrage ; car il ne raconte l'avanture de la Personne qui fut demander conseil à Roselis pour se faire Comédien, que pour acuser indirectement la mienne de fausseté. Mais ce fait est connu de trop de personnes pour être ignoré ; et je doute fort, de la vérité du sien.

C'est à ce sujet que le Critique s'épanche en faveur des Comédiens. Cet Auteur qui veut tout, jusques aux noms des personnes, ne trouve pourtant pas bon que j'aie fait parler Molière contre la Troupe, et suposant que le fait soit véritable, il est de sentiment, que je devois sauver de pareilles véritez à de si honnêtes gens. « J'en ai bien, » dit-il. « épargné à d'autres qui ne les valent » pas. » Si je discutois cette proposition, je ne sçai si mon Censeur, et ses bons amis, y trouveroient leur compte. Mais n'aïant rendu que les paroles de Molière en cette ocasion, qu'il aille lui en faire ses plaintes en l'autre monde. Cependant je ne puis m'empêcher de faire remarquer au Lecteur le travers de mon Critique ; qui trouve à redire que je n'aie pas nommé des Personnes de considération, et qui veut que je ménage les Comédiens, que je n'ai pas même ataqués personnellement ni en général ; c'est Molière qui parle encore une fois. En mon particulier je reconnois ces M^{rs} là pour de fort honnêtes-gens; ils ont de l'esprit, de la conduite, jusqu'à de la vertu, puisque mon Censeur le veut. Mais Molière les connoissoit mieux que moi. Cependant il y en a dans la Troupe que j'estime fort, et si les autres leur ressemblent tous, le Public est injuste de se plaindre d'eux si souvent.

Mon Critique, qui se fait tant ami de la sincérité, trouve encore mauvais que j'aie fait voir les foiblesses de Molière. Pourquoi, dit-il, faire rire le Lecteur en lisant la Vie d'un Homme si grave ? Que de contradiction, dans les sentimens de ce Censeur ! Il les oublie d'un moment à l'autre; et bien sérieusement je ne sais pas pourquoi il lui a pris phantaisie de critiquer mon Livre avec si peu de précaution, avec si peu de conduite. Je ne lui trouve de la raison que quand il me demande un détail plus étendu sur les Pièces de Molière ; je sais que cela auroit fait plaisir au Public; et peut-être lui donnerai-je cette satisfaction.

Mon Censeur n'est plus le même, quand il parle du Courtisan extravagant, il manque de goût. « Cela, » dit-il, « n'est pas » bon dans un Livre; c'est un morceau de » Pièce tout fait pour le Théâtre. » Mais il n'a pas remarqué que cette avanture auroit été plate, si je n'avois mis le Courtisan en action, si je n'avois peint son caractère par ses expressions, que je n'aurois pu employer dans un simple récit. Et je ne sais pas où mon Censeur a vu établi en règle, qu'il soit deffendu de mettre de l'action, et du caractère dans un Livre ; c'est le plus seur moyen de plaire, et d'atacher à la lecture.

Voici un grand article ; il y est parlé de de Mr Baile ; mon petit Critique voudroit bien mettre un si grand homme de son côté. Je suis un effronté de ne pas m'en raporter à ce qu'il a dit de Molière et de sa femme dans son *Dictionnaire critique.* C'est un Auteur grave qui a parlé, donc ce qu'il dit est véritable. J'honore parfaitement Mr Baile, et je connois peut-être mieux la vaste étendue et la solidité de son génie, que mon Censeur ne la connoît ; mais je ne veux point être l'esclave de ses sentimens sans les examiner. Et lui-même qui par ses profondes lectures, par ses sages raisonnemens, veut nous débarasser de tous préjugés dans une bagatelle, a donné celui du Public au sujet de Molière. Il devoit observer à la simple lecture, que l'Ouvrage qu'il cite à son ocasion, comme vrai, déshonoroit la mémoire d'un Auteur illustre ; comme faux, fesoit tort au jugement de l'Auteur du *Dictionnaire*. Mais peut-on s'y méprendre Ne dévelope-t-on pas aisément la malignité d'un Auteur aux expressions, à la conduite de l'Ouvrage, aux intérests qui y sont répandus ? Ainsi, dût M*r* Baile le trouver mauvais, je ne saurois lui passer d'avoir donné du poids à un indigne Ouvrage fait contre la réputation d'un des grands hommes de notre tems.

Comment! dira peut-être mon Censeur, comme vous parlez de Molière, il semble que ce soit un Héros! Que ce Critique lise, je vais lui fermer la bouche par un trait de la Vie de cet Auteur, qui n'est pas venu jusqu'à moi avant l'impression. Monsieur le Prince deffunt, qui l'envoyoit chercher souvent pour s'entretenir avec lui, en présence des personnes qui me l'ont raporté, lui dit un jour : « Écoutez, Molière, je vous fais
» venir peut-être trop souvent, je crains de
» vous distraire de votre travail ; ainsi je ne
» vous envoierai plus chercher, parce que
» je sais la complaisance que vous auriez
» pour moi ; mais je vous prie à toutes vos
» heures vuides de me venir trouver; faites-
» vous annoncer par un Valet-de-Chambre,
» je quitterai tout pour être avec vous. »
Lorsque Molière venoit, le Prince congé-

dioit ceux qui étoient avec lui, et il étoit des trois et quatre heures avec Molière; et l'on a entendu ce grand Prince en sortant de ces conversations, dire publiquement: « Je » ne m'ennuie jamais avec Molière, c'est un » homme qui fournit de tout, son érudition » et son jugement ne s'épuisent jamais. » Je ne crois pas que mon Censeur veuille rabattre du sentiment d'un Prince qui jugeoit si seurement de toutes choses. Et cependant, c'est ce même Molière dont mon Critique ataque les connoissances et la conduite. Mais plus, il n'y a pas un an que le Roi eut ocasion de dire qu'il avoit perdu deux hommes qu'il ne recouvreroit jamais, Molière et Lulli. Ces paroles assurent la réputation et le mérite de Molière contre la malignité du Censeur.

Le récit que je fais de la mort de cet Auteur ne lui plaît point; il est rempli de trop petites circonstances pour son esprit supérieur Il n'y en a pourtant pas une que j'aie mise sans dessein; quand il entre dans la loge de Baron, il paroît qu'il a plus d'atention au succès de sa Pièce, qu'à l'état violent où il étoit : il refuse en homme d'esprit de prendre les bouillons de sa femme, parce que les choses, dont ils étoient composés, auroient pu abréger les moments qui lui restoient à vivre. S'il satisfait l'envie qu'il avoit de manger du fromage de Parmesan ; c'est qu'il sentoit bien que le régime lui étoit inutile alors, puisqu'il avoit dit l'après-dînée à sa femme qu'il finissoit. Les Sœurs Religieuses, qui l'assistèrent à la mort, font connoître qu'il fesoit des charités. J'ai laissé tout cela à penser au Lecteur ; mais mon Censeur ne pense point, et s'en tient au premier sens des termes ; il faut tout lui dire pour qu'il le sente. Si l'on prenoit toutes les petites circonstances que j'ai raportées de la mort de Molière, comme il les a prises, j'avoue que ce ne seroit pas le plus bel endroit de mon Livre ; mais tout le monde n'a pas jugé comme lui, et elles ont du moins servi à détromper le Public de ce qu'il pensoit sur cette mort : c'étoit la principale fin que je m'étois proposée.

Quant à ce qui se passa après que Molière fut mort, je laisse à mon Censeur de nous le donner. Aparemment qu'il en est bien informé, puisqu'il avance qu'il y auroit de quoi faire un Livre fort curieux. J'ai trouvé la matière de cet ouvrage si délicate et si difficile à traiter, que j'avoue franchement que je n'ai osé l'entreprendre ; et je crois que mon Critique y auroit été aussi embarrassé que moi : il le sait bien; mais il a été ravi d'avoir cela à me reprocher. Je ne dois pourtant pas me plaindre de lui : « D'autres pourroient, » dit-il, « trouver » plus que moi à redire à la Vie de Molière; » je ne donne que ma pensée. A tout pren- » dre néanmoins cet Ouvrage pourroit avoir » le plus grand nombre de son côté; il » amuse les petits Lecteurs; il y a des » aventures qui font rire : il y a des noms » en blanc, cela excite la curiosité, et fait » bien souvent le mérite d'un Livre. Pour » moi, » ajoute-t-il, « débarassé de tout » préjugé, je n'ai pas trouvé la Vie de Mo- » lière dans cet Ouvrage; l'expression ne » m'a point dédommagé, elle est trop har- » die. Pourquoi l'Auteur ne choisit-il pas » d'autres sujets pour travailler? il réussi- » roit, il a de la disposition. » Voilà parler en Maître : l'Académie en corps ne décideroit pas si fièrement. C'est dommage que mon Censeur se soit contredit tant de fois dans sa Critique, qu'il ait des sentiments si oposés à ceux du Public, qu'il prenne si souvent à gauche : avec ses grands termes et ses belles expressions il se seroit fait une réputation d'homme d'esprit mes dépens.

Mais je me flate, sans trop présumer de mon Ouvrage, que puisque le Public a daigné souffrir et agréer mon travail, qu'il prendra ma deffense : non que je présume absolument avoir bien travaillé : mais mon Livre n'est point, ce me semble, aussi méprisable que mon Censeur le représente. Je lui ai pourtant une obligation essencielle; il lui a donné un agrément de plus : il est de l'essence des bons Livres d'avoir des Censeurs. Celui qui m'ataque ne doit pas se plaindre de moi; je l'ai, ce me semble, assez ménagé, pour ne plus craindre les traits de sa vivacité, dont il me menace à la fin de sa Critique, au cas que je repousse très-fortement les coups qu'il m'a portés. Ils ne sont pas assez rudes pour avoir recours à l'insulte; et je ne suis pas de caractère à m'en servir, quand je me croirois bien battu. Tout ce dont je suis fâché c'est de n'avoir pu découvrir qui est mon Censeur; je lui aurois rendu des devoirs d'honnêteté que sa personne auroit peut-être exigés ; mais à juger de lui par son ouvrage, je ne puis me dispenser de dire qu'il a de l'esprit, et qu'il écrit bien; mais qu'il a peu d'ordre et de retenue.

FIN

CLEF

DES NOMS LAISSÉS EN BLANC

Page 10. « Mʳ P** » : Charles Perrault, dans sa notice sur Molière du livre *Éloges des hommes illustres du XVIIᵉ siècle*.

P. 82. « Mʳˢ de J..., de N... et de L... » MM. de Jonsac, de Nantouillet et Lulli.

P. 97. « Mʳ........ » : le premier président de Lamoignon.

P. 99. « M. de** » : Donneau de Visé; sa *Lettre* parut en tête de la première édition du *Misanthrope*; Paris, Jean Ribou, 1667, in-12.

246 CLEF DES NOMS LAISSÉS EN BLANC

P. 132. « Mr des P*** » : Boileau-Despréaux.

P. 135. « la de.... » : Mademoiselle de Brie.

P. 149. « Mr R... » : Racine.

P. 149. « L'occasion de B... » : lisez A ; il s'agit de l'*Alexandre*, la seconde tragédie de Racine.

P. 149. « M. de P.... » : Boileau de Puimorin.

TABLE DES MATIÈRES

A

	PAGES
Les *Amans magnifiques*.	139
L'*Amphitrion*.	103
L'*Andouille de Troie*	48
Avanture d'un Eclesiastique qui vouloit détourner Molière de la Comédie.	9
— D'un Vieillard aux *Précieuses*. . .	20
— D'un Bourgeois de Paris	21
— De la Scène du Chasseur des *Fâcheux*	26
— De Mr Racine	32
— De l'Épinette de Raisin	44
— De Mondorge, Comédien	65
— De Hubert, Comédien	72
— De Molière sur un âne	76

Avanture des Yvrognes qui vouloient se noyer.	82
— De Chapelle et de son Valet	89
— De la personne qui fit la Défence du *Misantrope*.	99
— D'un Savant sur l'*Amphitrion*. . .	103
— D'une lecture du *George Dandin*. .	104
— De Champmêlé avec Molière. . . .	109
— D'un Minime.	116
— D'un Courtisan.	123
— D'un jeune homme qui voulait se faire Comédien.	126
— De Chapelle et de M^r des P**. . . .	132
— D'un Valet de Molière	137
— Du Chapeau de M. Rohault.	139
— De Benserade sur des Vers	147
L'*Avare*.	58, 104

B

Mr Baile.	151
M^r le Baron, 31, 44, 48 et suiv., 59, 65, 83, 90, 92, 114 et suiv., 119, 139, 142, 149, 154,	159
La Barre	135
Beauchateau, Comédien.	30
Mademoiselle Beauval.	61

	PAGES
Béjart................	11, 72
La Béjart........... 11, 35, 59, 70	
Belleroze, Comédien............	5
Mr de Benserade............	147
Mr Bernier........ 6, 7, 114 et suiv.	
Un Bourgeois de Paris.........	21
Mr Boursault..............	30
De Brie................	11
Mademoiselle de Brie..........	11
Mr de la Bruyère............	166

C

Champmeslé..............	109
Mr Chapelain..............	
Mr de Chapelle. 6, 7, 78, 82 et suiv.,	
89, 92, 94, 116, 120, 130, 159	
Le *Cocu Imaginaire*..........	21
Comédiens de Monsieur le Daufin..	48, 49
La *Comtesse d'Escarbagnas*......	145
M^r le Prince de Conti............	11, 12
Mr de Corneille............	152
La Critique d'*Andromaque*.......	33
La Critique de l'*École des Femmes*..	29
Du Croisi................	139
Mr de Cyrano..............	7

D

PAGES

Deffence à la Maison du Roi d'entrer à
la Comédie sans payer. . . . 71 et suiv.
Le *Dépit Amoureux*. 13, 19
Descartes 117
Les *Docteurs rivaux*. 16
Dom Garcie. . . . . , ... 23
Dom Quixote. 76
Domestique de Molière 137

E

L'*École des Femmes*. . . . . . . 27 et suiv.
L'*École des Maris*. 23
Elomire, ou les Médecins vengés . . . 162
Épicure 117
Épinette surprenante. 81 et suivantes. 44
Épitaphes de Molière. . . . . 161 et suiv.
L'*Étourdi* 12 13, 18
L'Extravagant. 123 25

F

Les *Faschcux* . . . . 24 et suiv.
La *Femme Juge* . . . . . , ... 110
Les *Femmes savantes* . . . . . . 145 et suiv.

	PAGES
Le *Festin de Pierre*	40
Floridor	30
Florimont	135
Les *Fourberies de Scapin*	145
Les *Frères Ennemis*	32

G

Gandouin, Chapelier	145
Gassendi	6, 7
George Dandin	104 et suiv.
La Grange	108, 168
Gros René	11

H

Hôtel de Bourgogne	29, 30, 31
Hubert, Comédien	73

I

L'*Impromptu de Versaille*	29

L

Lucrèce traduit par Molière	16
Mr Luillier	

M

PAGES

Madame défunte.............. 102
Le *Maître d'Ecole*............ 16
Le *Malade Imaginaire*..... 153 et suiv.
Margane, Avocat............. 49
Le *Mariage forcé*............ 39
Mʳ de Mauvilain, Médecin....... 42, 43
Le *Médecin malgré lui*..... 98 et suiv.
Médecins.............. 40 et suiv.
Melicerte................ 102
Mʳ Ménage............. 19, 26, 97
Mʳ Mignard............... 79
Mignot, comédien........... 65
Le *Misantrope*.......... 98 et suiv.
Mʳ de Modène.............. 11
Le Grand Mogol............ 114
Mʳ de Molière, sa naissance....... 3
Sa profession........... 3, 8, 169
Ses études............. 5, 6, 7
Son nom............... 3, 9
Il se fait Comédien.......... 8
Il refuse d'être Secrétaire....... 13
Sa difficulté de travailler...... 26, 152
Sa pension.............. 34
Son mariage........... 35 et suiv.
Sa jalousie............. 37, 79

Son éloignement pour les Médecins.
                                    40 et suiv.
Sa libéralité   66
Sa maladie 77, 153
Sa déclamation. . . . . 111 et suiv.
Son domestique 134
Son penchant pour le sexe 135, 136
Sa mort. . . . . 153 et suiv.
Son caractère. 159
Son enterrement. . . . . 160 et suiv.
Ses écrits . . . . , ... 167
Mademoiselle de Molière . 37, 41, 59, 154
Mondorge, Comédien . . . . . . 65 et suiv.
Mondori.   30
Monfleuri   110
Monsieur   15

N

Nicomède.   16
La *Nymphe Dodue*.   49

O

Olivier, Gentilhomme de Monsieur le
    Prince de Monaco.   51

P

Du Parc. 11, 41
La du Parc. 11, 52, 70
Mʳ Perrault. . . . . 9 et suiv.
Mademoiselle Pocquelin 158
Le *Portrait du Peintre* 30, 162
Pourceaugnac 138
Monsieur des Préaux 165
Les *Précieuses Ridicules*. . . . 13, 19 et suiv.
Mʳ le Prince deffunt 97, 161
La *Princesse d'Elide* 38, 39
Psyché 152

R

Mʳ Racine . . . . 32 et suiv.
Raisin . . . . 44 et suiv.
La Raisin 55, 61
Mʳ Rohaut 79, 81, 139, 169
Rotrou 32, 103

S

Scaramouche . . . . 67 et suiv.
Scaramouche Hermite. 97
Le *Sicilien* 103

	PAGES
M' de Simoni	13
Sœurs Quêteuses	157
Subligny	33

T

Le *Tartuffe*	94 et suiv., 122, 140
Théagène et Chariclée	32
La *Thébaïde*	32
Théophile	103
La Torellière	108
Tricassin Rival	48
Troupe de Molière	9, 11
Elle va en Languedoc	12
Elle revient à Paris	15 et suiv.
Elle joue devant le Roi	16
Sa Majesté lui donne le petit Bourbon	17
Elle passe au Palais Royal et prend le titre de Comédiens de Monsieur	17
Elle commence à représenter dans Paris	18
Le Roi lui donne une pension et la prend à son service	57
Troupe de Monsieur le Daufin	48

V

M' le Maréchal de Vivonne	159

	PAGES
Lettre Critique sur le livre intitulé *La Vie de Mr de Molière*	171
Réponse à la critique	199
Clef des noms laissés en blanc	245

Paris. — Typ. Motteroz, 31, r. du Dragon.

DE LA
Démonialité
ET DES ANIMAUX
INCUBES ET SUCCUBES

où l'on prouve qu'il existe sur terre des créatures raisonnables autres que l'homme, ayant comme lui un corps et une âme, naissant et mourant comme lui, rachetées par N.-S. Jésus-Christ et capables de salut ou de damnation.

Par le R. P.
Louis Marie SINISTRARI d'Ameno
de l'Ordre des Mineurs Réformés de l'étroite Observance
de Saint-François (xviie siècle)
*Publié d'après le Manuscrit original découvert
à Londres en 1872 et traduit du Latin par*
ISIDORE LISEUX
SECONDE ÉDITION

PARIS
Isidore LISEUX, Éditeur
2, Rue Bonaparte, 2
1876

TABLE DES MATIÈRES

	PAGES
Avant-propos.	VII
Démonialité : origine du mot. — En quoi ce crime diffère de ceux de Bestialité et de Sodomie. — Opinion de Saint Thomas. . . . . N⁰ˢ 1 à 8.	1
Le commerce matériel avec les Incubes et les Succubes n'est pas imaginaire ; témoignage de Saint Augustin. . . . . N⁰ˢ 9 et 10.	15
Sorciers et Sorcières ; leurs rapports avec le Diable ; cérémonies de leur profession. . . . N⁰ˢ 11 à 23.	21
Artifices employés par le Diable pour se donner un corps . . . . N⁰ 24.	31
Les Incubes ne s'attaquent pas seulement aux femmes. . . . . N⁰ 26.	35
Esprits *Follets* : n'ont aucune frayeur des exorcismes. . . . . N⁰ 27.	37
Histoire plaisante de la signora Hieronyma : le repas enchanté. . . . . N⁰ 28.	39
Hommes procréés par les Incubes : Romulus et Rémus, Platon, Alexandre le Grand, César-Auguste, Merlin l'Enchanteur, Martin Luther. — C'est d'un Incube que doit naître l'Antechrist. N⁰ 30.	57
Les Incubes ne sont pas de purs esprits : ils engendrent, donc ils ont un corps qui leur est propre. — Observation sur les Géants. . . . N⁰ˢ 31 à 33.	59

Table des Matières

	PAGES
Les Anges ne sont pas tous de purs esprits : décision conforme du deuxième Concile de Nicée................... N° 37.	77
Existence de créatures ou animaux raisonnables, autres que l'homme, et ayant comme lui un corps et une âme................. Nᵒˢ 38 à 43.	79
En quoi ces animaux diffèrent-ils de l'homme ? Quelle est leur origine ? Descendent-ils, comme tous les hommes d'Adam, d'un seul individu ? Y a-t-il entre eux distinction de sexes ? Quelles sont leurs mœurs, leurs lois, leurs habitudes sociales ?................. Nᵒˢ 44 à 50.	93
Quelles sont la forme et l'organisation de leur corps ? Comparaison tirée de la formation du vin. Nᵒˢ 51 à................. 56.	101
Ces animaux sont-ils sujets aux maladies, aux infirmités physiques et morales, à la mort ? N° 57 et................. 58.	115
Naissent-ils dans le péché originel ? Ont-ils été rachetés par Jésus-Christ, et sont-ils capables de béatitude et de damnation ?..... Nᵒˢ 61 et 62.	127
Preuves de leur existence........ Nᵒˢ 65 à 70.	133
Histoire d'un Incube et d'une jeune nonne. N° 71.	151
Histoire d'un jeune diacre.......... N° 72.	155
Les Incubes sont affectés par des substances matérielles : donc ils participent de la matière de ces substances................ N° 73.	161
Exemple tiré de l'histoire de Tobie : expulsion de l'Incube qui tourmentait Sara ; guérison du vieux Tobie.................. Nᵒˢ 74 à 76.	163
Saint Antoine rencontre un Faune dans le désert : leur conversation........... Nᵒˢ 77 à 84.	173
Autres preuves de la corporéité des Incubes, notamment la Manne des Hébreux ou Pain des Anges.................. Nᵒˢ 90 à 95.	193
Comment il faut entendre ces paroles du Christ : « *J'ai d'autres brebis qui ne sont pas de cette*	

	PAGES
bergerie ». — Discours d'Apollon à l'Empereur Auguste : la fin des Dieux. . . . N°⁵ 96 à 101.	205
« LE GRAND PAN EST MORT », ou la mort du Christ annoncée aux Faunes, Sylvains et Satyres ; leurs lamentations. . . . . N° 102.	217
Solution du problème : Comment une femme peut être fécondée par un Incube. — Comparaison des Géants avec les mulets. . . . . . N°⁵ 104 à 105.	224
En quoi consiste la vertu génératrice ; pourquoi il ne naît plus de Géants. *Luxuria in humido.* N°⁵ 106 à. . . . . 111.	224
Appréciation du crime de Démonialité : 1° commis avec le Diable ; 2° commis avec l'Incube. N°⁵ 112 à. . . . . 114.	234
La Démonialité est-elle plus grave que la Bestialité ? Conclusion. . . . . N° 115.	238
APPENDICE.	243
NOTICE BIOGRAPHIQUE.	261

La première édition de la *Démonialité*, publiée avec luxe dans le format in-8°, a été épuisée en quelques mois. L'édition Elzevirienne que nous annonçons aujourd'hui et que nous nous sommes efforcé de rendre digne de la première, recevra, nous l'espérons, un accueil aussi empressé. — Un joli volume de xx-268 pages, imprimé par Motteroz en caractères antiques, papier de Hollande, titres en rouge et noir. Prix. . . . . 5 fr.

PETITE COLLECTION ELZEVIRIENNE
(*Même format que le précédent ouvrage et mêmes conditions de typographie : papier de Hollande, caractères antiques, titres en rouge et noir*).

Julius
DIALOGUE
ENTRE
Saint Pierre et le Pape Jules II
A LA PORTE DU PARADIS
(1513)
Attribué à Érasme, à Fausto Andrelini
et plus communément à
ULRICH DE HUTTEN
Traduction nouvelle en regard du Texte Latin par
EDMOND THION
Prix . . . . 3 fr. 50

La Conférence
Entre Luther
ET LE DIABLE
AU SUJET DE LA MESSE
Racontée par LUTHER lui-même
Traduction nouvelle en regard du Texte Latin par
ISIDORE LISEUX
Avec les Remarques et Annotations
des Abbés DE CORDEMOY et LENGLET-DUFRESNOY
Frontispice gravé à l'eau-forte par J. AMIOT
Prix . . . . . 4 francs

LE
Passavant
DE
THÉODORE DE BÈZE

Épître de Maître Benoît Passavant
à *Messire Pierre Lizet*
Où il lui rend compte de sa mission à Genève
et de ses conversations avec les Hérétiques
TRADUITE POUR LA PREMIÈRE FOIS
du Latin macaronique de THÉODORE DE BÈZE
PAR ISIDORE LISEUX
Avec le Texte en regard, et la *Complainte de Messire
Pierre Lizet sur le trespas de son feu nez*
PRIX . . . . 3 fr. 50

Passevent
PARISIEN
Respondant à Pasquin Romain

*
* *

*De la vie de ceux qui sont allez demou-
rer à Genève, et se disent vivre selon
la réformation de l'Évangile : faict en
forme de Dialogue.*
Réimprimé sur la troisième édition
(*Paris, 1556*)
PRIX . . . . 3 fr. 50

Ces deux pamphlets, dont l'un est la contre-partie de
l'autre, offrent un intérêt de premier ordre pour l'histoire
du Protestantisme Français. Au point de vue littéraire, ils
peuvent être rangés parmi ce que le XVIe siècle a produit
de plus original et de plus curieux.

LES
Ecclésiastiques
DE FRANCE

Leur nombre, celuy des Religieux et Religieuses, le temps de leur établissement, ce dont ils subsistent, et à quoy ils servent.

Réimpression d'un opuscule anonyme, publié sans lieu ni date (vers 1660).

Prix. . . . . **2 fr.**

Œuvre d'un bon curé de campagne, qui n'aime pas les fainéants (moines, chanoines, etc.), et qui veut que « les » Curez soient les premiers partagez de la *tonsure* de » l'ouaille, puisqu'ils ont le soin de l'alimenter spirituel-» lement. »

REMONSTRANCE
Aux François

Pour les induire

A VIVRE EN PAIX A L'ADVENIR

(1576)

Prix. . . . . **1 fr.**

Cette réimpression d'un pamphlet publié il y a juste trois siècles, quatre ans après la Saint-Barthélemy, intéressera vivement les amateurs de rapprochements historiques.

Hexaméron
RUSTIQUE
ou
LES SIX JOURNÉES
Passées à la campagne entre des personnes studieuses

par

LA MOTHE LE VAYER

Seconde édition Française, conforme à l'édition originale de Paris (1670)

Avec la clef des personnages

Prix. . . . . 3 fr. 50

Ces personnes studieuses sont tout simplement des grammairiens et des philologues en carnaval.

Soliloques
SCEPTIQUES

par

LA MOTHE LE VAYER

Réimprimé sur l'édition unique de 1670

Prix. . . . . 2 fr. 50

La Mothe Le Vayer, d'abord précepteur du duc d'Anjou, frère de Louis XIV, fut, en 1652, chargé de terminer l'éducation du jeune roi. C'est incontestablement l'un des écrivains les plus hardis de ce qu'on a nommé le *grand siècle*.

LES
Bains de Bade
AU XVᵉ SIÈCLE
PAR
POGGE, Florentin
SCÈNE DE MŒURS DE L'AGE D'OR
Traduit en Français pour la première fois
par
ANTONY MÉRAY
Texte Latin en regard
PRIX. . . . . 2 fr.

Opuscule d'une grâce et d'une fraîcheur de style admirables. Le joyeux auteur des *Facéties* a voulu prouver qu'il savait être à ses heures délicat, discret, presque pudique : on devine bien encore le satyre, mais il est vêtu de fleurs.

LA FOIRE
DE
Francfort
[*Exposition universelle et permanente au XVIᵉ siècle*]
par
HENRI ESTIENNE
Traduit en Français pour la première fois sur l'édition originale de 1574
PAR ISIDORE LISEUX
Texte Latin en regard
PRIX. . . . . 4 fr.

La Foire de Francfort était, au XVIᵉ siècle, le rendez-vous annuel des inventeurs, des marchands, et notamment des libraires de toute l'Europe. C'est là que fut exhibée entre autres inventions, celle du *tourne-broche*, que le savant imprimeur célèbre avec enthousiasme.

DIVERS

Jeux Rustiques
et

AUTRES ŒUVRES POÉTIQUES

DE

JOACHIM DU BELLAY

Angevin

Collationné sur la première édition
(Paris, 1558)

Prix. . . . . 3 fr. 50

« Les plus agréables vers », dit Sainte-Beuve, « qui soient
« sortis de la plume de Joachim Du Bellay. »

Les Regrets

DE

JOACHIM DU BELLAY

ANGEVIN

Collationné sur la première édition
(Paris, 1558)

Prix. . . . . 3 fr. 50

Tableau satirique de Rome au XVIe siècle. Notre édition
contient huit sonnets fort curieux, qui ont été supprimés
dans toutes les réimpressions, et ne se trouvent même pas
dans tous les exemplaires de la première édition.

PETITE COLLECTION ELZEVIRIENNE
Derniers volumes parus (25 mars 1877)

POINT DE LENDEMAIN, conte dédié à la Reine, par Vivant Denon, avec dessins spéciaux dessinés par Marillier ; notice par A. P.-Malassis . . . . 4 fr.

ADVIS POUR DRESSER UNE BIBLIOTHÈQUE, par Gabriel Naudé, Parisien (1644) . . . . 4 fr

LES ÉPISTRES AMOUREUSES D'ARISTENET, tournées de Grec en François, par Cyre Foucault, sieur de la Coudrière (1597) ; avec notice par A. P.-Malassis . . . . 5 fr.

LES INTRIGUES DE MOLIÈRE ET CELLES DE SA FEMME ou *La fameuse Comédienne*, histoire de la Guérin, avec préface et notes par Ch.-L. Livet (Epuisé) . . . . 6 fr.

HISTOIRE DE JEAN-L'ONT-PRIS, conte Languedocien du xviiie siècle, par l'abbé Favre, traduit et précédé d'une notice par Jules Troubat . . . . 3 fr.

SOCRATE ET L'AMOUR GREC (Socrates sanctus Παιδεραστής) ; dissertation de Jean-Matthias Gesner, traduite en Français pour la première fois, texte Latin en regard, par Alcide Bonneau . . . . . 3 fr. 50

ARMINIUS, dialogue par Ulric de Hutten, traduit en Français pour la première fois, texte Latin en regard, par Edmond Thion ; avec un frontispice gravé à l'eau-forte par J. Amiot, représentant la statue élevée par l'Allemagne à Arminius en 1875 . . . . 2 fr.

LA VIE DE Mr DE MOLIÈRE, par J.-L. le Gallois, sieur de Grimarest, avec une notice par A. P.-Malassis, et une gravure à l'eau-forte par Lalauze . . . 5 fr.

Les Livres annoncés ci-dessus sont envoyés *franco* contre le prix en mandats de poste. — Ajouter 25 centimes, si l'on désire les recevoir sous bande recommandée.

L'Hexaméron rustique et les Intrigues de Molière *sont entièrement épuisés ; cependant, comme nous nous occupons de librairie ancienne, nous sommes en mesure de compléter les collections, soit en rachetant les volumes aux conditions les plus avantageuses pour les Amateurs, soit en leur indiquant les Libraires qui peuvent en disposer. — La Collection sera continuée.*

ISIDORE LISEUX, Libraire-Éditeur,
2, *Rue Bonaparte*, Paris.

On lit dans la Revue dramatique du *Moniteur Universel* (27 novembre 1876) :

« La mode est aux réimpressions des opuscules rares, des livrets piquants, du bric-à-brac littéraire, soigneusement trié dans le fatras du passé. Un éditeur qui met du dilettantisme dans sa profession, M. Isidore Liseux, publie depuis deux ans, en ce genre, une série de jolis volumes, imprimés avec luxe, tirés à petit nombre, qui vont d'eux-mêmes se ranger sur la tablette d'ivoire des bibliophiles. Le choix en est aussi varié qu'attrayant : on y sent le goût de l'érudit, le tact et le discernement du chercheur. *De la Démonialité et des animaux incubes et succubes*, — traduit, texte en regard, du manuscrit retrouvé du Père Sinistrari, un capucin casuiste du dix-septième siècle, — affriandera tous les libertins de la sorcellerie, tous les gourmets de la marmite du Sabbat. Ceux qui adorent la Grèce (et je suis du nombre) jusque dans ses fleurs d'automne et le résidu exquis encore de son ambroisie, dégusteront avec délices les *Epistres amoureuses d'Aristenet*, un romancier épistolaire du quatrième siècle. La vieille traduction du sire de la Coudrière fait revivre dans la langue ingénue d'Amyot sa rhétorique raffinée et ses mignardises byzantines. Ce n'est point par fleurs, c'est par gerbes qu'on pourrait cueillir dans l'œuvre de Joachim du Bellay : M. Liseux en a détaché un frais bouquet d'idylles, les *Divers Jeux rustiques*, et les *Regrets* où du Bellay a peint l'Italie de l'époque dans des sonnets admirables, qu'on peut relire après les *Elégies Romaines* et les *Épigrammes Vénitiennes* du grand Gœthe.

» Mentionnons encore les *Bains de Bade au XV° siècle*, décrits par Pogge, dans une page naïvement croustillante, qui semble détachée d'une *Vie parisienne* du temps ; la *Foire de Francfort*, de Henri Estienne ; le *Julius*, de Ulrich de Hutten, pamphlet batailleur et railleur de ce paladin du protestantisme, qui s'escrimait de la plume aussi hardiment que de la rapière ; *Point de lendemain*, le joli conte de Vivant Denon, attribué longtemps à Dorat, qui n'eut jamais la touche si délicate et si leste...

» Il y en a, comme on voit, pour toutes les curiosités et pour tous les goûts. C'est un vrai plat de *quatre-mendiants* littéraires à grappiller et à grignoter. Je recommande la collection de M. Liseux à tous ceux qui aiment, après le banquet solide de l'étude, les hors-d'œuvre et les desserts de l'esprit.

» PAUL DE SAINT-VICTOR. »

Paris. — Typographie Motteroz, 31, rue du Dragon.

www.ingramcontent.com/pod-product-compliance
Lightning Source LLC
Chambersburg PA
CBHW070541160426
43199CB00014B/2324